滴水不漏穩穩賺
4張表股市賺1億

U0119262

買賣股票這樣做！滴水不漏穩穩賺
買賣股票一定要掌握的5個重點

　　對於台灣的投資大眾而言，最容易接觸到的投資工具是股票，無怪乎台灣股票市場的開戶人數佔人口的比率居世界前幾名。雖然股票很容易投資，但是要做的好確實很難。股票投資有三項重點：「買什麼、賣什麼」、「什麼時候買、什麼時候賣」、「怎麼買、怎麼賣」。所謂「買什麼、賣什麼」是指投資標的物的選擇，也就是選擇股票；所謂「什麼時候買、什麼時候賣」是指買賣時點的掌握，也就是選擇進場和出場時點，所謂「怎麼買、怎麼賣」是指投資策略的決定。

　　每一位投資人第一次買進的股票都是聽消息，朋友推薦、分析師喊進、雜誌介紹，聽了就買，運氣好就賺到錢，運氣不好就賠錢，長期下來是以賠錢收場，好不氣餒。有些人一輩子在股市投資，都在追逐消息、打聽明牌，像無頭蒼蠅一般，辛辛苦苦賺的錢都被主力作手坑殺。

　　有些投資人開始學技術分析，期初發現技術分析妙用無窮，也確實讓投資人賺到錢，他們會專研技術分析，認為技術分析是股市的全部，最後到了走火入魔的地步，殊不知技術分析不是百分之百準確，過於迷戀技術分析的後果是賺小錢賠大錢。此時有些人會開始研究基本分析，由產業面、財務面去找股票，確實這是一條正統的方式，但是進入基本分析的門檻比較高，除了要有產業的邏輯、財務的背景外，還要對總體經濟有深刻的體認，況且基本面沒辦法和股價即時連動，投資人會因為沒有耐心而錯失賺錢的機會。

　　依據我長期在資本市場的經驗，以基本分析選股，技術分析

決定買賣時點，同時擬定投資策略，是投資股票立於不敗之地的不二法門。基本面是指觀察總體經濟、產業前景和公司經營績效，投資人以基本面找到優質的股票，然後放在自選股中（stock pool），每天觀察技術面的變化，當技術指標出現買進訊號時，立刻擬定投資策略進場買進，並隨盤勢進行修正。當然股市變化無常，所以要懂得風險控管，將損失設定在可承受的範圍內，如此投資股市才能立於不敗之地。

■ 圖0-1-1　投資股市，基本面、技術面、投資策略三者不可偏廢

資料來源：作者整理

■ 圖0-1-2　投資股市SOP

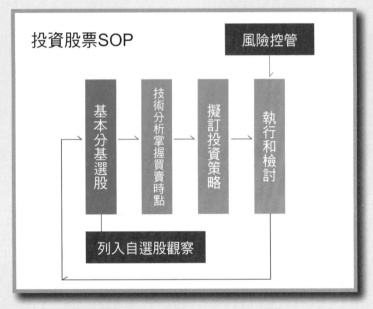

資料來源：作者整理

■ 圖0-1-3　靠消息面、基本面或技術面投資的盲點

	追逐消息	技術分析	基本分析
必備功課	1.看懂新聞 2.瞭解淡旺季 3.概念股	1.熟練技術分析工具 2.綜合運用 3.不斷實戰	1.財報分析 2.產業分析 3.研究報告
罩門盲點	1.相信內線 2.相信朋友 3.資訊不對稱	1.迷戀技術分析 2.沒有紀律 3.死不認錯	1.沒有耐心 2.幻想固執 3.研究報告
克服	1.嚴格執行停損停利 2.錯了就錯了 3.寫下心得 4.忘記過去	1.嚴格執行停損停利 2.錯了就錯了 3.寫下心得 4.忘記過去	1.嚴格執行停損停利 2.錯了就錯了 3.寫下心得 4.忘記過去

資料來源：作者整理

一、基本面選股

　　進入股票的第一件工作就是選股，一般投資人在選擇股市投資標的時，常常喜歡追逐新聞，看到利多消息，見獵心喜，積極搶進股票，運氣好賺點蠅頭小利，運氣不好，套在高點；見到利空消息，心生恐懼，亂砍股票，停損出場，痛苦不堪。有些投資人汲汲營營希望取得內線消息，事先佈局卡位，結果掉入市場主力的陷阱。投資人因為不了解股票市場的運作，也不清楚股票新聞的潛規則，往往誤判新聞，做下錯誤的投資決策而懊惱不已。

　　所以說基本面選股很重要，基本面選股的方式有很多，可以從報紙的新聞、公司的財報、產業的趨勢和公司發布的消息來選股。但是這種方式也有它的盲點，就是「資訊不對稱」，也就是新聞和消息的取得有先後之別，造成不公平的現象。先得到利多消息進場的投資人，早就把股價墊高了，後得到訊息的人只有抬轎的份了，甚至可憐的到當最後一隻老鼠。試想公司接到大訂單的利多，最早一定是老闆和業務主管知道，他們肯定會先進場買股，股價因而上漲，接著是公司高層，然後是拜訪公司的基金經理人，接著是記者，最後報紙見報，散戶見利多搶進股票，正給了先前進場買股的人出貨的機會。

　　另一種選股方式就是用概念股來選股，概念股如果可以成為主流股，投資者就要勇於追逐，投資股市最重要的工作，就是買進主流股，你的報酬率肯定優於大盤。有些概念股是長線趨勢，有些適合中期投資，有些則是短線操作。總體大盤概念股和產業趨勢概念股是長線投資的標的，季節循環概念股適合中期投資，市場訊息概念股和個股消息概念股則是短線操作的標的。

　　總體大盤概念股和產業趨勢概念股適合長線投資，例如1980年買進資產金融股，1990年代佈局電子產業，2000年投資原物料

股。2010年追逐中國內需概念股，操作為期1年。季節循環概念股
適合中期投資，例如暑假概念股、農曆年概念股、開學概念股，操
作為期1季。市場訊息概念股和個股消息概念股期間最短，通常操
作期間是一個月。

二、技術面掌握買賣時點

技術分析乃藉由研究分析過去價格走勢以及價量的資料，來
決定買進賣出的時機。技術分析的基本假設前提是：雖然時空更
迭，但歷史將會重演，因此只要掌握股價變動軌跡是屬於何種形
態，就能正確的預測未來之股價走勢。技術分析較側重於投資時
機之掌握，技術分析以市場資料為分析對象，分為市場整體資料
及個別股票資料等兩大類，不僅分析價格及成交量，也分析各種
技術方法。

應用技術分析的目的，在於決定股票的買賣時機，技術分析
關心的是股價的變動，而非股價的水準。技術分析著重於探討股
市或個股內部的變動，至於外部其他因素的變動則不予重視。
技術分析著重於短期股價變動的預測。常見的技術分析方法有K
線、價量關係、移動平均線、KD、RSI、乖離率、OBV、MACD、
ADL、寶塔線等等。

投資人要了解，是股價影響所有的技術指標，而並非技術指
標影響股價，以過去有效的技術分析方法來從事股市投資，並不
保證未來也能同樣的擊敗市場，因為超額報酬很可能是隨機出現
的，若僅以其偶爾或隨機出現的超額報酬，即據以推論技術分析
有效，是有所偏誤的，技術分析方法的投資績效，就短期而言，
確實可能有效，但是就長期而言，並不可能持續地擊敗市場。

技術分析另一項嚴重的缺點，在於各種技術分析方法，都在

教導投資人，如何選擇買進賣出點。而根據此法，買進、賣出點不斷出現，投資人必須要經常買進、賣出，因此陷入『短線操作』的迷途。技術分析並非無用，但也絕非神仙丹藥，技術分析是投資股市的操作工具而非全部。

三、擬定投資策略

在充滿競爭，充滿風險的股票市場，既沒有常勝將軍，也沒有常敗士兵。關鍵是要隨著股票市場行情的變化，採取靈活應對的策略。當股市大盤下跌或公司受損失時，不要被損失所糾纏，而應當機立斷，忍痛割愛。一些投資人總存在「不敢輸」的心理，當股票價格上升，賺了差價，興高采烈；一旦股價下跌，總盼望股價能很快上漲，不去分析股票的趨勢、公司的經營狀況和業績，有的還會選擇性的接受資訊，對公司的利多消息擴大解讀，對公司的利空訊息視而不見，其實這樣做只是自欺欺人，最後吃虧的還是自己。

具有賭博心理的股市投資者，總是希望一朝發跡。他們恨不得抓住一檔或幾檔股票，好讓自己一本萬利，他們一旦在股市投資中獲利，多半會被獲利沖昏頭腦，像賭棍一樣頻頻加注，恨不得把身家性命都押到股市上去，直到輸個精光為止。當股市失利時，他們也常常會不惜背水一戰，把資金全部投在股票上，這類人多半落得傾家盪產的下場。股票市場不是賭場，不要賭氣，不要昏頭，要分析風險，建立投資計畫。尤其是有賭博行為的人，在買賣股票時一定要建立投資資金比例，千萬不可孤注一擲。

當你在投資股票時，就要把自己想成是帶兵的大將軍，如何才能贏一場戰爭；也可以把自己當成是大公司的CEO如何讓公司賺錢，這些都要擬定好作戰計畫或是經營策略，並加以執行。在投資股票時就擬定好計畫，到時候才不會手忙腳亂，當然投資策

略和計畫並非一成不變，當外在環境改變時，策略和計畫就必須見招拆招，進行微調，這些工夫都有賴經驗累積。

四、風險控管

　　個人投資股市最重要的是風險控管，也就是投資者要投入多少資金到股市。風險控管的基本原則是投資人即使在股市大跌時，其投資組合也不會影響到家庭的生活開銷。為了做好此項工作，我們必須對股市投資做總量管制，同時要節制財務槓桿的使用。

　　有許多投資人為了一夜致富，向親友或銀行借錢買股票，再向券商融資，在雙重槓桿的影響下，理財的風險快速地增加。台灣還有不少股市投資者，同時也參與股價指數期貨及選擇權的操作，這些衍生性金融商品的投資，只要付出少許保證金或權利金即可投入，因此財務槓桿超過十倍以上。倘若這些原始保證金也是借來的，那麼理財的風險就會如滾雪球般越滾越大，一旦股市崩盤將會大大衝擊你的人生，因此要心臟夠強才能從事期貨與選擇權的操作。

　　所以在進行投資前，必須先詢問自己是否有能力承擔失敗的後果。我一向反對一般投資者融資買股，更不同意拿居住的房屋向銀行抵押借款，以避免過度的財務壓力。一般的投資者投資股市的金額最好不要超過可運用資金的一半，例如你有閒置資金200萬，投資股票最好不要超過100萬。畢竟個人理財「爭的是千秋，而非眼前的短暫」。留一半可運用資金在銀行存款，可以避免讓你的生活過度暴露在股市的風險中。

　　此外要有承認失敗的勇氣。很多投資者的行為是將有賺的股票賣掉，讓自己的心情愉快，賠錢的股票則繼續抱著，希望有朝一日股票上漲還本。然而事實上卻是抱越久虧損越多，這就是一

般投資人的通病，不願意面對投資虧損的事實。當股市越跌越深時，投資者不甘心套在高點，到處借錢，希望往下攤平降低成本，有親友借到沒有親友，最後甚至破產，以致於房屋被銀行查封。因此，當你面臨上述的抉擇時，寧願儘早承認失敗退出股市，來保住基本的家庭生活品質。

最後要時常提醒自己，理財的基本原則是追求「財務尊嚴」，而非賺取最多的金錢。如果投資者為了想賺最多的錢，投資風險一定與日俱增，那麼只要遇到一次崩盤，後果將淹沒你的家庭。透過設定適當的投資組合，避免過度槓桿，具備承認失敗的勇氣，在長期理財規劃下，賺取適當的金錢，過著風險控管的人生，這就是財務尊嚴的最佳寫照。

五、執行與檢討

投資股票最重要的是累積經驗值，如果永遠在紙上模擬作業，沒有進場實務操作，這就像在岸邊學游泳，是沒有辦法確實掌握股市的脈動的，唯有確實執行才能夠累積扎實的經驗值。當然進入股市不可能不賠錢，執行的過程中有賺錢、有賠錢，都是正常現象，就算是投資大師索羅斯、巴菲特，或是債券天王羅傑斯也都有賺錢和賠錢的案例。重要的是你有按部就班地，確實去執行投資的步驟，而不是像一般散戶，追逐內線消息，四處打聽明牌，像極了無頭蒼蠅一樣，四處亂撞。

投資股票時一波一波的操作，就像漁船出海捕魚，不管是漁貨滿滿，或是毫無收穫，都要回港休息。買股票不是買來抱一輩子的，買股票是為了賣股票，當買賣結束後，無論賺賠，都要寫下心得，並且加以檢討，為下一次進場做準備。

張真卿

目錄：如何使用本書 ▶▶

▶▶ **第1步** 了解股票投資的全貌

導論 **買賣股票一定要把握的5個重點** · 04
買賣股票這樣做！滴水不漏穩穩賺！！

基本面選股　*05*　　　技術面掌握買賣時點　*06*
擬定投資策略　*07*　　風險控管　*08*
執行與檢討　*09*

▶▶ **第2步** 找到好股票

01 **如何用基本面進行選股** · 13
用基本面選股有13種方法,本書全都告訴你

★ **基本面選股總表**　*14*　　基本面選股總論　*15*
產業面選股　*18*　　　趨勢面選股　*35*
季節概念股選股　*49*　　財務報表選股　*72*
股價走勢選股　*93*

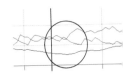

▶▶ **第3步** 探尋好價位

02 **如何用技術面決定買賣點** · 107
買賣點很難決定,用本書提供的表格打幾個勾,
做決策沒煩惱

★ **技術分析掌握個股買賣點總表**　*108*
技術分析掌握買賣點總論　*110*
K線圖和趨勢線　*118*　　滿足點的預測　*126*
移動平均線　*138*　　　葛藍碧平均線八大法則　*151*
隨機指標：KD指標　*163*　平滑異同平均線MACD　*170*
其他技術指標　*177*　　計算籌碼流向　*184*
股市價量分析　*191*

Contents

第4步　決定操盤的指導原則

03　如何決定投資策略・199
大家總是告訴你要買什麼，買多少，
只有本書告訴你要如何買如何賣

★ 投資策略總表　200
投資策略總論　201
學習三大法人的操作策略　203
洞悉主力、作手操作策略　213
追高殺低的投資策略　220
逢低買進、逢高賣出的操作策略　227
賣出持股的投資策略　238

第5步　讓自己睡的好

04　風險控管：如何決定投入資金多少・249
要買了股票同時又睡的好！看本章就對了

★ 股票風險控管總表　250
股票風險控管總論　252
股票市場的風險控管　255
持股百分比的控管　260
單一個股的風險控管　270
停損機制的建立　277

所有操作股票的資訊來源
本書全用QRCODE告訴你

如何用**基本面**進行選股

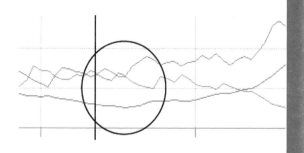

1-0
基本面選股總表

選股主軸	選股次指標			備註	參考資訊
產業面選股	產業脈動			中長期投資標的上中下游產業	http://www.cnyes.com/twstock/Index2Real_idx.htm
趨勢面選股	趨勢方向			中長期投資標的跨產業趨勢	http://www.cnyes.com/twstock/stock_astock.aspx
季節概念股選股	氣候因素的季節概念			短期投資標的的事先布局	
	長假因素的季節概念				
	節氣因素的季節概念股				
	過去慣例的季節概念股				
財務面選股	財務比率	股價比率	選股		
	累計營收	股價營收比 P/R	找出營收成長，股價低估的股票	適合創新事業、有題材、本夢比的公司	http://www.cnyes.com/twstock/bincome/2330.htm
	每股獲利（EPS）	本益比 P/E	找出獲利成長，股價低估的股票	適合高獲利的成長股	www.cnyes.com/twstock/finratio/2330.htm
	每股淨值	股價淨值比 P/B	找出淨值成長，股價低估的股票	適合慢速成長的資產股	
	每股配息	股息殖利率 D/P	找出配息高，股價低估的股票	適合穩健配股配息的高股息股	http://www.cnyes.com/twstock/dividend/2330.htm
股價趨勢選股	類股指數漲幅大於大盤指數漲幅			找出主流產業	
	個股股價漲幅大於類股指數漲幅			找出強勢股	
	個股股價漲幅大於大盤指數漲幅			找出主流股	

※財務面選股係以台積電為例，讀者連結至該頁面可以自行輸入搜尋的股票標的。

1-1
基本面選股總論

　　一般的投資人在買賣股票時，並沒有一套邏輯思考，也沒有一定的方法步驟。大部分的人都是聽朋友說，聽第四台的分析師推薦就進場，到最後十賭九輸。其實投資股票不是賭博，它是有一套完整清楚的思路與步驟，唯有清楚這套邏輯，並掌握股價漲跌的慣性與原理，才能在茫茫股海中獲利。

　　在股海中投資，就好比漁夫出海捕魚一樣，首先要能掌握季節的變化和魚群的習性，在出海前就要做好準備，而非出海後才手忙腳亂。同樣的道理，投資股票如果依據一定的步驟，就能減少失敗的機率，如果能充分了解股價變化的因素，則勝算的機率會更高。當然，漁船出海捕魚不可能每次都能滿載而歸，投資股票也不可能每次都賺錢。虧損不用灰心，畢竟每一次的投資都是經驗的累積，唯有透過一次次的實務操作，才能讓自己的投資概念與手法日益純熟。真正決定一個交易者成敗的關鍵因素，不在於其對股市的了解及專業認識，而在策略及個性。筆者認識一些在股市致富的人，他們的專業認知並不那麼深遠獨到，但是他們的策略及決斷力，確有過人之處。

　　投資股票面臨到的第一件事就是選股，到底要買哪一檔股

> 漁船出海捕魚不可能每次都能滿載而歸，
> 投資股票也不可能每次都賺錢。

票？有人聽明牌、有人看新聞找股票、有人專研技術分析或是基本面找投資標的。通常市場上有兩派做法，一個是投機交易，重視「市場導向」，其最高指導原則就是「逐勢忘價」，國際知名炒手索羅斯的策略就是如此，所謂「逐勢忘價」的意思就是不管股價有多高，價格是否高出價值多少，只要市場上有積極的買盤，就要進場買股。

另外一種截然不同，亦可以累積財富的策略，是「價值導向型」也就是「重價輕勢」，運用這種策略最成功的代表性人物，是有「歷史上最優秀的投資者」美譽的華倫‧巴菲特。他的投資的基本理念，其實就是「重價輕勢」四個字。所謂「輕勢」，就是不理會股市短期漲跌，不擔心經濟情勢。而「重價」，則是重視價格與價值，也就是能否以低於應有價值以下的價格買進。

本章強調的基本面選股就是遵循華倫‧巴菲特的理念，投資人可由產業脈動和趨勢來選股，也可以依據概念來選股，更可以藉由財務報表來挑出優質的股票。這些都稱為基本分析選股。

所謂基本分析，就是研究全球和台灣的景氣與資金，同時了解投資產業的上下游供應鏈及其興衰。基本分析需要具備總體經濟的思路，與產業關係的概念。投資人可藉由大量閱讀財經資訊，來補充自身的能量。很多投資人會在股市中賠大錢，就是常犯了一個錯誤「我投資的公司很好，我不在乎景氣循環與產業興衰」。其實當景氣衰退，再好的企業也會受到拖累，所謂「覆巢

當景氣衰退，再好的企業也會受到拖累，所謂「覆巢之下無完卵」就是這個道理。

之下無完卵」就是這個道理。

　　對整體景氣和產業分析之後，接著就要針對個股的狀況加以分析。有時候產業趨勢是對的，但是個別公司的經營績效與產業地位皆不相同，這時財務報表就可以把公司的經營績效表彰出來。雖然財務報表是過去的表現，不足以顯示未來，但卻可以做為分析經營能力的指標，就像一個人的體檢紀錄可以反映這個人的身體狀況。勤讀財務報表，同時加以分析。在積極面，可以挑出經營優良的公司；在消極面，可以避免踩到地雷股。財務報表可分為：損益表、資產負債表、現金流量表和財務比率分析表，投資人可上網到交易所的公開資訊觀測站查詢。對於一般非商科背景的投資人，研讀財務報表是一件不容易的事，因此建議投資人從簡易報表著手、或掌握幾個特定財務數字，例如每季、每月營收及其成長率；每季、每年獲利及其成長率；去年EPS、今年預估EPS；每股淨利和往年的配股、配息。

1-2
產業面選股

一、基本概念

在基本分析中，有一項相當重要的功課就是分析該公司所從事的產業，了解該產業的展望，該公司在這個產業的地位，這就是我們所說的產業分析。在投資邏輯中，有所謂由上而下（Top Down）的投資思考，也就是先觀察總體經濟是否往復甦的方向走？若是，接下來就來找對的產業、對的公司，等到鎖定目標後就用技術分析靜待買點出現。

產業分析是需要經驗累積的，無法一蹴可及，若要較快進入狀況，就必須藉由大量閱讀來提升自己的能量。首應區分該公司屬於哪一產業？例如：水泥類、電子類、金融類等，或屬於哪一種概念？例如電子書、MOU、ECFA、USB3.0、或是集團股（台塑集團、鴻海集團、遠東集團等）。

投資人還要分析產業鏈，也就是上、中、下游的產業關係，並且要知道你投資的公司是在產業的上、中、下游哪一個領域？這家公司是一線廠商或是二線廠商？另外，季節也會影響產業營收與獲利，因為大部分的公司都有淡旺季之分。此外，消息面也會影響產業的發展與公司業績的成長與否？例如MOU簽訂，對金融產業有加分的想像空間；奧運或世界足球賽對電視面板是利多；美國國會通過綠能法案，對太陽能產業是一大利多。

　　台灣股票依據產業分為19類，分別是：水泥、食品、塑膠、紡織、電機機械、電器電纜、化學、生技醫療、玻璃陶瓷、造紙、鋼鐵、橡膠、汽車、電子、建材營造、航運、觀光、金融保險、貿易百貨和其他。

　　近年來產業項目越分越細，整個上市公司可分為82個細產業：油電燃氣、水泥、大宗物資、食品、塑膠原料、塑膠製品、加工絲、棉紡、尼龍、成衣、長纖布、不織布、聚酯纖維、工具機業、手工具機業、重電業、家電、機械零組件、機械、電線電纜、化工、清潔用品、農藥、製藥、膠帶/貼紙等。其中電子產業因為產業聚落龐大，又區分為：3C通路、封測、IC基板、IC設計、IC零組件通路商、LED、MLCC、TFT面板、TN/STN、USB IC、工業電腦、太陽能、手機、手機零組件、電腦基板等45項。

　　分析一檔股票，要針對他所屬的產業進行分析，了解的要項包括：產業上中下游關係；產業的原料、半成品、零配件、終端成品；消費市場的規模和特性、市場供需關係、淡旺季；一線和二、三線廠商；新產品的開發和運用。

　　研究產業是基本分析相當重要的功課，目前市面上針對上市櫃公司進行產業分析的參考書籍並不多，財訊集團的《先探週刊》，每年會推出「股市總覽」叢書，針對產業進行分析，並標記出上市櫃公司所屬的產業，投資人可以將這類叢書視為是查詢資料的參考書籍。

二、投資策略

　　投資一檔股票，除了要知道他是從事何種產業別外，也要知道他在產業鏈的位子與地位。例如，造紙業上游是從事紙漿製造

的台紙、華紙；下游分為生產工業用紙的榮成、士紙，文化用紙的永豐餘，和家庭用紙的永豐餘、榮成。又例如鋼鐵產業的最上游是中鋼的高爐廠，到中游產鋼筋的豐興，H型鋼的東鋼，到下游的應用，包括營建機械手工機具等行業。

我們以目前相當熱門的LED產業為例，上游的晶粒製造商，有晶電（2448）、泰谷（3339）、光磊（2340）、璨圓（3061），其中晶電產能最多。到了中游封裝廠，有億光（2393）、東貝（2499）、一詮（2486）、光寶科（2301）、佰鴻（3031）。其中，億光為領導廠商。到了下游的應用，包括手機、照明、交通號誌、背光模組、LED-TV等皆是。這些產業都有其產業特性，也有他上下游供應鏈的關係，而且環環相扣。

同業之間也要關心，例如水泥類股就有台泥（1101）、亞泥（1102）、嘉泥（1103）、環泥（1104）、幸福（1108）、信大（1109）和東泥等公司，其中領頭的公司是台泥。投資人如果投資台泥，也要同時關心亞泥和嘉泥，因為台灣股票在上漲或下跌都有族群性。又例如電子類中的DRAM產業，有旺宏（2337）、茂矽（2342）、華邦電（2344）、南科（2408）、華亞科（3474）、力晶（5346）、茂德（5387），當DRAM產業景氣下降，上述公司的業績都會受到影響，投資人此時宜退場觀望。又例如自行車產業，有愛地雅（8933）、美利達（9914）、巨大（9921），在節能環保和中國內需市場的帶動下，自行車產業整體表現亮眼。

產業特性上自有一些差異，投資人可以細心觀察其股性的變化。為什麼投資一檔股票還要了解它所在產業鏈的位置呢？這是因為一個產業的景氣循環是有其次序性的，通常是由下游應用端

成品產業的成長，帶動中游零組件或模組廠的復甦，最後是上游原料廠也開始繁榮。當整個產業一片榮景時，各廠商開始募集資金，大肆擴廠，等到各家產能都開出來，造成「供過於求」，各廠家就開始削價競爭，開始就有廠商倒閉，此時該產業的景氣就進入了衰退期。

1 產業復甦期－投資下游廠商

一個產業的復甦，通常是由產品或市場的創新所引發的需求。當下游應用端需求增加，下游廠商的營收快速成長，此時投資人就要在下游廠商中找投資標的，例如2009年LED廣泛應用在LED-TV上，下游的東貝（2499）、億光（2393）的營收就快速成長。2007年太陽能是綠能產業中最夯的產業，下游的益通（3452）、茂迪（6244）表現也最佳。

2008年中國內需市場快速發展，特別是食品，因此如統一（1216）、味全（1201）等公司的股價表現不俗，在這一個階段，上游廠商尚未感受到景氣復甦的力道，因此股價表現尚不佳。產業復甦期就是股價上漲的初升段，下游廠商的表現會優於上游廠商，投資人宜把資金往下游產業移動，才能有較佳的投資報酬率。

2 產業成長期－投資全體產業廠商

等到市場確定該產業往成長的方向走，下游成長的氣氛就會往中游、上游發展，下游業者開始擴充產能，囤積庫存，降低售價。初期的降價確實可以刺激買氣，讓市場面更加樂觀，投資人也樂於將資金投入這個行業，類股的股價也會呈現多頭走勢。例如1999年筆記型電腦一片欣欣向榮，從下游的通路商聯強

（2347）、燦坤（2430），到中游的組裝廠廣達（2382）、仁寶（2324）、華碩（2357），到上游零組件的面板、被動元件和主機板等的股價，都有很好的表現。

又如2008年中國內需食品產業興起，從下游的食品成品廠的統一（1216）、味全（1201）、愛之味（1217），到上游的油脂廠，如福懋油（1225）、福壽（1218）、大統益（1232），甚至連提供瓶蓋的宏全（9939）、馬口鐵的統一實（9907）的股價，都齊步上揚。

產業成長期可對應到股市的主升段，只要掌握到成長的產業和公司，買進後一路長抱，投資報酬率都會有意想不到的好。也可以學習巴菲特投資法，到市場觀察哪一類股的產品熱賣到缺貨，就是對的產業。

3 產業繁榮期－上游吃香喝辣，下游苦哈哈

由於該產業全面性的看好，特別是上游廠商的營收和獲利大幅上揚，上游業者開始調高售價並積極擴充產能來確保市佔率。下游業者也開始為了搶產能，囤積庫存，不惜高價搶單。當下游廠商無法將上揚的成本反映在售價時，利潤開始減少，甚至出現虧損。例如：平面電視大熱賣，電視組裝廠向上游面板搶面板，引發友達（2409）、奇美（3009）的產能不足，開始準備大幅擴廠；房價飆升，營造業大好，建設公司積極搶原料，造成鋼筋水泥，供不應求。上游廠商屬於寡佔市場，其特色是「三年不開張，開張吃三年」、「賠三年賺一年」，因此當上游廠商積極擴產的下一步，就可以預期將來該產業產能過剩，整個產業開始往衰退的方向走。

　　對應到股價走勢，這一階段就是末升段，邏輯上要投資於上游產業，放棄下游廠商。雖然整體景氣面仍然表現很好，但是下游廠商的股價已經開始下滑。而上游廠商的業者為了募集資金，擴充產能，在股價表現上有看回不回的走勢。通常這個階段就是散戶最瘋狂的時候，投資人千萬不可見獵心喜，積極搶進。

4 產業衰退期－離開市場，保有現金

　　產業不可能永遠成長，當產業熱過頭，景氣就會下滑，衰退的景氣就會淘汰不具競爭力的公司，留下體質好的公司，這種情形跟生物學上「物競天擇」的道理是一樣的。衰退期的引爆點，是當上游廠商擴廠完成、開始大量生產，產品大量銷售到市場上，超過市場的需求，就會使全體廠商為了現金流量而削價競爭。如果降價能刺激買氣也就還好，如果無法推升消費者的買氣，就有廠商會開始倒閉，景氣進入衰退期。

　　對應到股價走勢，這一階段就是初跌段。此時由於整個產業的股價都拉高了，只要市場上有利空消息出現，就會引發一連串賣壓，無論該公司是在產業的哪一個產業鏈，股價一律下跌。此時投資人宜離開股市，保留現金。有些投資人會抱著希望，逢低加碼，愈攤愈多，最後搞得家破人亡。

5 產業落底期－逢低布局績優公司

　　當產業度過衰退和蕭條之後，景氣就開始準備落底，此時的現象是不具競爭力的中、下游廠商紛紛退出市場，上游廠商因為是寡佔，且資本密集，因此開始出現合併、併購的情形。當這種情形發生，就是投資人進場逢低買進的好時機。

　　2008年，國內DRAM產業的景氣處於最蕭條的時期，各公司

合併、併購的傳言不斷，此時就是該產業股價的谷底。當時茂矽（2342）最低每股4元、茂德（5378）1.1元、力晶（5346）2.26元。又例如面板在2001年景氣到最低點，當時廣輝電子、友達（2409）、奇美電（3009）、群創（3481）等面板廠大賠錢，友達股價曾跌到10.6元，各公司合併傳言也一直在市場流傳。最後，友達與廣輝合併成新友達，面板景氣才由谷底漸漸回升。此時投資人進場買進股票，長期持有，利潤至少有2～3倍的空間。

三、投資實例－相關類股

1 IC產業

1-1 IC設計類股

矽統（2363）、瑞昱（2379）、威盛（2388）、凌陽（2401）、偉詮電（2436）、聯發科（2454）、義隆（2458）、晶豪科技（3006）、聯詠（3034）、智原（3035）、揚智（3041）、太欣（5302）、漢磊（5326）、鈺創（5351）、松翰（5471）、通泰（5487）、合邦（6103）、創惟（6104）、普誠（6129）、茂達（6138）、廣明（6188）

1-2 晶圓代工類股

聯電（2303）、台積電（2330）

1-3 DRAM類股

茂矽（2342）、華邦電（2344）、南科（2408）、世界先進（5347）、勁永國際（6145）

1-4 IC製造類股

聯電（2303）、台積電（2330）、旺宏（2337）、茂矽（2342）、華邦電（2344）、凌陽（2401）、南科（2408）、全新（2455）、台灣晶技（3042）、漢

磊（5326）、世界（5347）、崇越（5434）、中美晶（5483）、通泰（5487）、茂達（6138）、合晶科技（6182）

1-5 積體電路股

聯電（2303）、華泰（2329）、台積電（2330）、華邦電（2344）、菱生（2369）、瑞昱（2379）、威盛（2388）、凌陽（2401）、偉詮電（2436）、全新（2455）、漢磊（5326）、通泰（5487）

1-6 封裝測試股

日月光（2311）、矽品（2325）、華泰（2329）、順德（2351）、菱生（2369）、超豐（2441）、京元電（2449）、立衛（5344）、訊利（5455）、泰林（5466）、耕興（6146）、頎邦（6147）

1-7 半導體股

麗正（2302）、光罩（2338）、光磊（2340）、茂矽（2342）、矽統（2363）、南科（2408）、鼎元（2426）、統懋（2434）、太欣半導（5302）、世界先進（5347）、鈺創科技（5351）、台半（5425）、松翰科技（5471）、中美晶（5483）、合晶科技（6182）

1-8 半導體設備週邊股

光罩（2338）、均豪精密（5443）、中美晶（5483）、萬潤（6187）

1-9 IC通路類股

所羅門（2359）、敦吉（2459）、華立企業（3010）、增你強（3028）、文曄（3036）、益登（3048）、崇越（5434）、佶優（5452）、聯福生（5467）、亞矽（6113）、富爾特（6136）

2 資訊產業

2-1 電腦系統類股

神達（2315）、仁寶（2324）、宏碁（2353）、英業達（2356）、藍天（2362）、倫飛（2364）、大同（2371）、廣達（2382）、研華（2395）

2-2 桌上型電腦股

神達（2315）、宏碁（2353）、鴻準（2354）、大同（2371）、研華
（2395）、敦陽科（2480）、宏達電（2498）、神基科技（3005）

2-3 NB/PDA類股

仁寶（2324）、英業達（2356）、藍天（2362）、倫飛（2364）、廣達
（2382）、宏達電（2498）、神基科技（3005）、遠見科技（3040）

2-4 工業電腦類股

研華（2395）、威強電（3022）、同亨科技（5490）、三聯科技
（5493）、瑞傳科技（6105）、凌華科技（6166）

2-5 3C通路類股

聯強（2347）、宏碁（2353）、震旦行（2373）、佳能（2374）、
精技（2414）、燦坤（2430）、神腦（2450）、天剛（5310）、捷
元（5384）、國眾（5410）、建達（6118）、順發（6154）、亞銳士
（6171）

3 電子組件產業

3-1 主機板類股

精英（2331）、華碩（2357）、技嘉（2376）、微星（2377）、友
通（2397）、映泰（2399）、浩鑫（2405）、承啟（2425）、易福
（5364）、高技企業（5439）、嘉聯益科技（6153）、捷波資訊（6161）

3-2 印刷電路板股

華通（2313）、楠梓電（2316）、精英（2331）、敬鵬（2355）、燿
華（2367）、金像電（2368）、台光電（2383）、環科（2413）、銘
旺科（2429）、鉅祥（2476）、歐格（3002）、欣興（3037）、健鼎
（3044）、寶得利（5301）、建榮（5340）、先豐（5349）、佳總
（5355）、高技（5439）、霖宏（5464）、瀚宇博德（5469）、統盟

盟（5480）、華韡（5481）、凱崴（5498）、弘捷（6101）、競國（6108）、翔昇（6114）、柏承（6141）、嘉聯益（6153）、精誠科（6214）

3-3 印刷電路版週邊類股

台光電（2383）、志聖（2467）、揚博科技（2493）、建榮工業（5340）、合正科技（5381）、德宏工業（5475）、華韡電子（5481）、凱崴（5498）、松上（6156）

3-4 連接器類股

鴻海（2317）、正崴（2392）、太空梭（2440）、良得電（2462）、今皓（3011）、信邦（3023）、宣得（5457）、松普科技（5488）、連展科技（5491）、鎰勝工業（6115）、信音企業（6126）、金橋科技（6133）、萬旭電業（6134）、禾昌興業（6158）、捷泰精密（6165）、幃翔精密（6185）

3-5 介面卡類股

圓剛（2417）、隴華（2424）、友旺（2444）、麗臺（2465）、寶聯（5450）、聰泰科技（5474）、撼訊科技（6150）

3-6 週邊設備類股

全友（2305）、廣宇（2328）、致伸（4915）、海悅（2348）、鍊德（2349）、佳世達（2352）、鴻準（2354）、美格（2358）、鴻友（2361）、昆盈（2365）、虹光（2380）、群光（2385）、合勤控（3704）、圓剛（2417）、隴華（2424）、英誌（2438）、新美齊（2442）、新利虹（2443）、友旺（2444）、創見（2451）、華經（2468）、美隆電（2477）、百容（2483）、漢平（2488）、普安（2495）、東友（5438）、寶聯通（5450）、富驊（5465）、上福（6128）、訊達（6140）、百一（6152）

4 電子零件產業

4-1 沖壓件類股

錩新（2415）、鉅祥（2476）、一詮（2486）、健和興（3003）、金利（5383）、同協電子（5460）

4-2 被動元件類股

國巨（2327）、智寶（2375）、興勤（2428）、旺詮（2437）、奇力新（2456）、立隆電（2472）、大毅（2478）、華新科（2492）、禾伸堂（3026）、凱美電機（5317）、華容（5328）、天揚（5345）、業強科技（6124）、九豪（6127）、鈞寶（6155）、信昌電（6173）、立敦科技（6175）、萬泰科（6190）

4-3 電容類股

智寶（2375）、立隆電（2472）、華新科（2492）、凱美電機（5317）、華容（5328）、天揚（5345）

4-4 電腦機殼類股

英誌（2438）、可成（2474）、晟銘電（3013）、偉訓科技（3032）、振發實業（5426）、富驊企業（5465）、迎廣科技（6117）

5 網路通訊產業

5-1 網路產品類股

友訊（2332）、智邦（2345）、訊舟（3047）、中磊電子（5388）、互億科技（6172）

5-2 通訊設備類股

金寶（2312）、台揚（2314）、東訊（2321）、固緯（2423）、義隆（2458）、希華（2484）、兆赫（2485）、華立企業（3010）、禾伸堂（3026）、寶島科（5312）、台林（5353）、應華（5392）、亞元

（6109）、華電聯網（6163）

5-3 網通設備類股

友訊（2332）、華邦電（2344）、智邦（2345）、合勤控（3704）、星通資訊（3025）、零壹科技（3029）、台聯電訊（5601）、中磊電子（5388）、亞元科技（6109）、友勁科技（6142）、振曜科技（6143）、華電聯網（6163）、互億科技（6172）

5-4 手機製造及零組件類股

佳世達（2352）、毅嘉（2402）、美律（2439）、怡利電子（2497）、台灣晶技（3042）

5-5 不斷電系統類股

系統電子（5309）

5-6 電源供應器類股

光寶（2301）、台達電（2308）、環科（2413）、新巨（2420）、聯昌（2431）、飛宏（2457）、冠西（2466）、信邦電子（3023）、威強電（3022）、科風（3043）、協益電子（5356）、華美電子（6107）、統振（6170）

5-7 固網概念股

亞泥（1102）、遠東新（1402）、東聯（1710）、台揚（2314）、東訊（2321）、友訊（2332）、合勤控（3704）、東森（2614）、旺旺保（2816）、遠百（2903）

5-8 大哥大概念股

台泥（1101）、遠東新（1402）、台揚（2314）、東訊（2321）、佳世達（2352）、台灣大（3045）、遠傳（4904）

6 光電產業

6-1 STN_LCD類股

勝華（2387）、全台晶像（3038）、光聯科技（5315）、達威光電（5432）、久正光電（6167）

6-2 TFT_LCD類股

友達（2409）、華映（2475）、群創3481）、和鑫（3049）、瀚宇彩晶（6116）、輔祥實業6120）、久正光電（6167）

6-3 MONITOR類股

佳世達（2352）、鴻準（2354）、美格（2358）、聯昌（2431）、新美齊（2442）、瑞軒（2489）、憶聲（3024）、彩富電子（5489）

6-4 CD-R類股

中環（2323）、錸德（2349）、國碩（2406）、新利虹（2443）、得利影視（6144）

6-5 LED類股

光磊（2340）、億光（2393）、鼎元（2426）、晶電（2448）、一詮（2486）、東貝（2499）、佰鴻（3031）、李洲（3066）、華興（6164）、宏齊（6168）

6-6 光碟機類股

廣宇（2328）、普安（2495）、建碁（3046）、廣明光電（6188）

6-7 DVD概念股

中環（2323）、錸德（2349）、聯發科（2454）、揚智科技（3041）、建碁（3046）

7 遊戲機產業

7-1 X-BOX遊戲機股

聯電（2303）、台達電（2308）、日月光（2311）、台積電（2330）、佳世達（2352）、昆盈（2365）、群光（2385）、正崴（2392）、建準（2421）、興勤（2428）、偉詮電（2436）、強茂（2481）、今皓（3011）、台灣晶技（3042）、力瑋實業（5398）、同協電子（5460）、創惟科技（6104）

7-2 PS2遊戲機類股

台達電（2308）、鴻海（2317）、國巨（2327）、廣宇（2328）、華碩（2357）、群光（2385）、立隆電（2472）、鉅祥（2476）、美隆電（2477）、台灣晶技（3042）、健鼎科技（3044）、華容（5328）、鎰勝工業（6115）、得利影視（6144）

8 水泥產業

台泥（1101）、亞泥（1102）、嘉泥（1103）、環泥（1104）、幸福（1108）、信大（1109）、東泥（1110）

9 食品產業

味全（1201）、味王（1203）、大成（1210）、大飲（1213）、卜蜂（1215）、統一（1216）、愛之味（1217）、泰山（1218）、福壽（1219）、台榮（1220）、福懋油（1225）、佳格（1227）、聯華（1229）、聯華食（1231）、大統益（1232）、天仁（1233）、黑松（1234）、興泰（1235）、宏亞（1236）、南僑（1702）

10 塑化產業

台塑（1301）、南亞（1303）、台聚（1304）、華夏（1305）、三芳（1307）、亞聚（1308）、台達化（1309）、台苯（1310）、國喬（1312）、聯成（1313）、中石化（1314）、達新（1315）、上

曜（1316）、東陽（1319）、大洋（1321）、永裕（1323）、地球（1324）、恆大（1325）、台化（1326）、F-再生（1337）、昭輝（1339）、萬洲（1715）、炎洲（4306）

11 紡織產業

遠東新（1402）、新纖（1409）、南染（1410）、宏洲（1413）、東和（1414）、嘉裕（1417）、東華（1418）、新紡（1419）、利華（1423）、大魯閣（1432）、福懋（1434）、中和（1439）、南紡（1440）、大東（1441）、立益（1443）、力麗（1444）、大宇（1445）、宏和（1446）、力鵬（1447）、佳和（1449）、年興（1451）、宏益（1452）、大將（1453）、台富（1454）、集盛（1455）、怡華（1456）、宜進（1457）、聯發（1459）、宏遠（1460）、強盛（1463）、得力（1464）、偉全（1465）、聚隆（1466）、南緯（1467）、昶和（1468）、理隆（1469）、大統染（1470）、三洋紡（1472）、台南（1473）、弘裕（1474）、本盟（1475）、儒鴻（1476）、聚陽（1477）、如興（4414）、利勤（4426）

12 電機機械產業

士電（1503）、東元（1504）、正道（1506）、永大（1507）、瑞利（1512）、中興電（1513）、亞力（1514）、力山（1515）、利奇（1517）、華城（1519）、大億（1521）、堤維西（1522）、耿鼎（1524）、江申（1525）、日馳（1526）、鑽全（1527）、恩德（1528）、樂士（1529）、亞崴（1530）、高林股（1531）、車王電（1533）、中宇（1535）、和大（1536）、廣隆（1537）、正峰新（1538）、巨庭（1539）、喬福（1540）、鍻泰（1541）、中砂（1560）、程泰（1583）、F-永冠（1589）、F-亞德（1590）、上銀（2049）、為升（2231）、大同（2371）、大量（3167）、東台（4526）、瑞智（4532）、帝寶（6605）、羅昇（8374）

13 化工產業

榮化（1704）、東鹼（1708）、和益（1709）、東聯（1710）、永光（1711）、興農（1712）、國化（1713）、和桐（1714）、長興（1717）、中纖（1718）、三晃（1721）、台肥（1722）、中碳（1723）、台硝（1724）、元禎（1725）、永記（1726）、中華化（1727）、花仙子（1730）、毛寶（1732）、日勝化（1735）、臺鹽（1737）、勝一（1773）、國精化（4722）、信昌化（4725）、上緯（4733）

14 鋼鐵產業

勤美（1532）、中鋼（2002）、東鋼（2006）、燁興（2007）、高興昌（2008）、第一銅（2009）、春源（2010）、春雨（2012）、中鋼構（2013）、中鴻（2014）、豐興（2015）、官田鋼（2017）、美亞（2020）、聚亨（2022）、燁輝（2023）、志聯（2024）、千興（2025）、大成鋼（2027）、威致（2028）、盛餘（2029）、彰源（2030）、新光鋼（2031）、新鋼（2032）、佳大（2033）、允強（2034）、海光（2038）、豐達科（3004）、三星（5007）、世紀鋼（9958）

15 汽車產業

F-廣華（1338）、裕隆（2201）、中華（2204）、三陽（2206）、和泰車（2207）、裕日車（2227）

16 航運產業

台船（2208）、益航（2601）、長榮（2603）、新興（2605）、裕民（2606）、榮運（2607）、大榮（2608）、陽明（2609）、華航（2610）、志信（2611）、中航（2612）、中櫃（2613）、東森（2614）、萬海（2615）、台航（2617）、長榮航（2618）、F-慧洋（2637）、遠雄港（5607）、四維航（5608）、復航（6702）

17 橡膠產業

南港（2101）、泰豐（2102）、台橡（2103）、中橡（2104）、正新（2105）、建大（2106）、厚生（2107）、南帝（2108）、華豐（2109）、鑫永銓（2114）

18 觀光、餐飲、百貨產業

萬企（2701）、華園（2702）、國賓（2704）、六福（2705）、第一店（2706）、晶華（2707）、夏都（2722）、F-美食（2723）、王品（2727）、雄獅（2731）、鳳凰（5706）、新天地（8940）、欣欣（2901）、遠百（2903）、三商行（2905）、高林（2906）、特力（2908）、統領（2910）、麗嬰房（2911）、統一超（2912）、農林（2913）、潤泰全2915）、F-台南（5906）、F-大洋（5907）、F-金麗（8429）

19 金融、銀行、保險、證券產業

彰銀（2801）、京城銀（2809）、台中銀（2812）、旺旺保（2816）、華票（2820）、中壽（2823）、台產（2832）、台壽保（2833）、臺企銀（2834）、高雄銀（2836）、萬泰銀（2837）、聯邦銀（2838）、遠東銀（2845）、大眾銀（2847）、安泰銀（2849）、新產（2850）、中再保（2851）、第一保（2852）、統一證（2855）、元富證（2856）、三商壽（2867）、華南金（2880）、富邦金（2881）、國泰金（2882）、開發金（2883）、玉山金（2884）、元大金（2885）、兆豐金（2886）、台新金（2887）、新光金（2888）、國票金（2889）、永豐金（2890）、中信金（2891）、第一金（2892）、合庫金（5880）、群益證（6005）

*以上資料來源：鉅亨網、嘉美資訊、各大券商報告綜合整理

1-3
趨勢面選股

一、基本概念

　　投資股票了解市場目前的趨勢很重要，簡單的來說就是流行什麼類股，就買什麼類股，當市場都認同這一類股票，資金會往這類股票靠攏，有量就有價，股價就容易上漲，如果再搭配媒體的推波助瀾，股價就會一飛衝天。投資趨勢概念股要分清楚，有些是短期趨勢，有些是長期趨勢，如果是短期趨勢，投資以一季為主，例如新產品發表、奧運會和世界足球賽，如果是長期趨勢，可以把投資戰線拉到半年或一年，例如：政府政策的受惠產業、開發新產業。

　　趨勢股有可能是跨產業的股票，也有可能是同一產業的股票。例如：政府政策引導整個總體經濟的發展，中國擴大內需，會讓整個內需概念股動起來，從「食、衣、住、行」等產業都會有議題，大家預期這類公司的營收和獲利會提升，投資人勇於追價，股價就會上漲。又例如：越南加入TPP，越南概念股受到全市場的資金追逐，在越南有生產基地的紡織、塑化、製鞋業都直接受惠。

　　另外是產業趨勢，例如2013年中國政府對太陽能產業擴大補助，整個太陽能族群受到市場關注，原本虧損連年的公司開始賺錢，太陽能供應鏈的股價也頻創新高。夏季缺水，整個水資源概念股，從飲用水到工業用水、污水處理、淨水設備公司都會受

惠；Apple或三星推出新的手機或是平板電腦，整個供應鏈也會有拉貨潮，引發投資人追逐這類股票。

投資股市最重要的工作，就是買進趨勢主流股。當股市大漲，你的報酬率肯定優於大盤，例如：1980年代買進資產金融股，1990年代布局電子產業，2000年投資原物料類股。有時候主流股的多頭走勢可達1～2年，有時候也只有半年，投資人除了要知道什麼是主流產業、主流類股之外，也要抓住該產業的脈動。

所謂主流產業，就是該產業具有願景、具有前瞻性，有新市場或是新的運用出現。投資人認為該產業的市值會快速成長，從事該產業的公司其營收與獲利將呈倍數翻升。由於預期一片樂觀，市場願意用比較高的本益比來衡量股價，通常可達20倍以上，投資人也願意用比較高的股價來買進，因此形成主流股的股價表現通常比大盤優異。

2001年中國經濟飛漲，需要大量的鋼鐵，鋼鐵產業因而成為主流類股。2008年LED應用在TV和NB的背光源的比重愈來愈高，LED產業一夕之間成為主流產業。但要如何找到主流類股呢？投資人可藉由產業新聞概念類股淡旺季需求和股價表現來研判。

二、投資策略

很多投資人會依據他所看到的財經新聞，來決定投資的標的。當他們看到利多，就勇於進場；看到利空，就瘋狂殺出持股。這樣的投資原則和邏輯是一般散戶的投資觀，我們不能說一定錯，而是面對新聞的利空與利多，要靜下來用不同的角度來解讀。投資人必須了解報紙和雜誌所刊登的新聞，絕對不是一手

消息，甚至有可能是最後一手，所以依據新聞來找主流股、或投資標的的投資人，極有可能成為最後一隻老鼠。其實投資人可以搭配消息和股價的變化，來決定是否買進或賣出。如果投資人看到利多消息，且股價也呈現上漲走勢，投資人可考慮短線進出。如果股價已經上漲一大段，利多消息才見報，且事後股價漲不上去，我們稱為「利多不漲」。這是因為主力作手正在趁利多出貨，此時投資人就千萬不要進場；反之亦然。

雖說是新聞，也區分為「預期中的新聞和突發性的新聞」，如果是預期中的新聞，投資人會先進場布局，股價就會先反應。當新聞真的出現，事先布局的投資人就會先獲利出場，股價也會反向表現，例如：2006年就已經知道2008年中國要舉辦奧運，世界資金紛紛湧向中國市場，尋找投資機會。由於大家紛紛上車卡位，中國股市因而狂飆，當時間愈接近2008年，事先進場的投資人開始獲利了結，退出股市，中國股市反而下挫。我們也常聽到分析師說，某公司EPS表現沒有預期的好，股價因而下挫；又會聽說某公司上一季出現虧損，但虧損沒有預期的嚴重，股價因而上揚，就是上述的原理。若是突發性的新聞，發布利多新聞，股價就會上漲；發表利空新聞，股價就會下跌，例如：美國911恐怖攻擊、美國次貸危機，都造成美股下跌。

趨勢概念類股如果得到市場的認同，常常可以形成主流類股，而且上漲的時間會比因為新聞事件所形成的主流類股久。通常概念股是一個族群的利多，而非單一事件，當整個族群一起輪漲，會讓市場上的投資人都有機會上車買進，因為良性換手而表現出長多格局。雖然投資人可以從概念類股賺到大錢，但當股價的漲幅超過基本面的表現、或是整體的概念得不到投資人的

認同，股價就會大幅度回檔，此時投資人就要適時出場，落袋為安。

1999年千禧蟲危機，資料儲存概念股中環（2323）、鍊德（2349）股價暴漲；2002年SARS危機，抗SARS概念股，生技類股的永信（1716）、康那香（9919）大發利市；2006年油價大漲，太陽能概念股茂迪（6244）、益通（3452）紅極一時；2009年中國內需興起，中國內需通路股聯強（2347）、潤泰全（2915）表現不俗。概念類股有可能是一個新興產業，例如觸控面板商機的安可（3615）、卓韋（3629）、洋華（3622），或UBS3.0概念的智原（3035）、矽統（2363）、建舜電（3322）；也有可能是新市場的開發，例如中國家電下鄉，引發業績成長的櫻花（9911）、鴻海（2317）、藍天（2362），或受中國汽車市場成長而受惠的裕隆（2201）、東陽（1319）、胡連（6279）、朋程（8255）；也有可能是新產品的帶動，例如：Window7的仁寶（2324）、宏碁（2353）、英業達（2356）、廣達（2382）等皆是。

買進趨勢概念股，首先要先了解這個趨勢是長期的或是短期的，長期有長期的操作策略，短期有短期的操作策略。一般而言，長期趨勢可長達一年以上，投資期間約為半年；短期趨勢約為半年，投資期間約為一季。

投資人買進趨勢概念股，要隨時關心消息面，畢竟這是議題，是否有真正效益，各家公司的營收和獲利不盡相同。當消息剛剛曝光時，投資人可以積極搶進，但是當投資人發現「利多不漲」時，就要想辦法出脫股票，切勿見獵心喜，持續抱股，畢竟當股價漲高了，基本面跟不上來，股價就會下修。

1 長期趨勢股的投資策略

長期趨勢包括新產業或是政府政策，我們以政府政策的推動為例，早期中國政策是成為世界的製造工廠，從1995年到2008年，到中國設廠的台資企業，都是這個政策的受惠者。早期進入中國的台商以傳統產業居多，製鞋、紡織、家電、家具等；接著是電子產業，鴻海是最典型的代表，這長達10年的時間，誰在中國產能最大，誰的股價就漲的最兇。2008年美國發生次級房貸風暴，中國政策開始由鼓勵出口改成擴大內需消費，此時中國內需消費股受到市場青睞，通路公司的遠百、大洋百貨、大潤發，餐飲業的王品，瓦城、F美食；當然台商食品大廠統一、康師傅、旺旺等公司的股價又成為主流。

這樣的投資標的，都是長線投資的概念，通常也沒有淡、旺季的差別，投資人可以運用技術分析的工具來長期操作。由於是長線操作，宜採用週K線搭配週KD、週MACD和13週移動平均線來找買點和賣點。當週MACD在0軸以上時，週KD交叉往上為買點，當週K線跌落13週移動平均線時，將持股出清，來回操作。

2 短期趨勢股的操作策略

短期趨勢是一個事件，引起一種投資趨勢和風潮，例如：奧運會或是世界足球賽，會引起看運動賽事和從事運動的風潮，如果到現場去看對航空業和飯店業是利多，如果是看電視轉播，對電視製造商、機上盒產業是利多；引發運動風潮對運動鞋、運動成衣、運動用品都是利多。

又如每一季MSCI都會增減一些MSCI成分股，被加入的個

股稱為MSCI概念股，摩根銀行也會有推薦的公司稱為摩根概念股，當政府推動某些公共工程，有些公司因為有土地在當地，就會有資產題材，稱為資產概念股或土地開發概念股。

　　投資人要了解，上述趨勢期間大概維持半年，投資的期間以一季到半年為最佳，也就是要在半年內完成。投資人也可以運用技術分析的工具來進行短期操作。由於是短線操作，宜採用日K線搭配日KD、日MACD和20日移動平均線來找買點和賣點。當日MACD在0軸以上時，日KD交叉往上為買點，當日K線跌落20日移動平均線時，將持股出清，依據此一原則來回操作。

三、投資實例－相關類股

1 國家政策概念股

1-1 中國內需概念股

亞泥（1102）、味全（1201）、統一（1216）、聯成（1313）、遠紡（1402）、台南（1473）、東元（1504）、永大（1507）、勤美（1532）、華新（1605）、台玻（1802）、和成（1810）、永豐餘（1907）、正新（2105）、建大（2106）、裕隆（2201）、台達電（2308）、華通（2313）、神達（3706）、楠梓電（2316）、鴻海（2317）、佳世達（2352）、英業達（2356）、技嘉（2376）、三商電（2427）、燦坤（2430）、崇友實業（4506）、永彰機電（4523）、協益電子（5356）、合正科技（5381）、金利（5383）、寶成（9904）、櫻花（9911）、美利達（9914）、巨大（9921）

1-2 中國電子概念股

光寶（2301）、麗正（2302）、台達電（2308）、華通（2313）、神達（3706）、楠梓電（2316）、鴻海（2317）、國巨（2327）、致伸（4915）、英業達（2356）、倫飛（2364）、燿華（2367）、智

寶（2375）、台光電（2383）、云辰（2390）、億光（2393）、毅嘉（2402）、環科（2413）、燦坤（2430）、聯昌（2431）、飛宏（2457）、敦吉（2459）、志聖（2467）、立隆電（2472）、鉅祥（2476）、美隆電（2477）

1-3 中國內銷概念股

味全（1201）、統一（1216）、聯成（1313）、嘉裕（1417）、得力（1464）、永大（1507）、和大（1536）、台一（1613）、榮星（1617）、和桐（1714）、冠軍（1806）、中釉（1809）、和成（1810）、春源（2010）、春雨（2012）、美亞（2020）、正新（2105）、建大（2106）、華豐（2109）、中華（2204）、太設（2506）、櫻花（9911）、秋雨（9929）

1-4 中國外銷概念股

川飛（1516）、利奇（1517）、恩德（1528）、勤美（1532）、大田精密（8924）、寶成（9904）、豐泰（9910）、美利達（9914）、巨大（9921）、成霖（9934）

中國概念股－高獲利貢獻股

川飛（1516）、勤美（1532）、冠軍（1806）、美亞（2020）、正新（2105）、建大（2106）、楠梓電（2316）、鴻海（2317）、智寶（2375）、毅嘉（2402）、環科（2413）、燦坤（2430）、聯昌（2431）、飛宏（2457）、敦吉（2459）、志聖（2467）、鉅祥（2476）、台半（5425）、均豪精密（5443）、櫻花（9911）、巨大（9921）

1-5 大陸B股概念股類股

大成（1210）、統一（1216）、和成（1210）、正新（2105）、建大（2106）、台達電（2308）、華通（2313）、鴻海（2317）、國巨（2327）、燦坤（2430）、寶成（9904）、統一實（9907）、櫻花（9911）、巨大（9921）

1-6 越南概念股

幸福（1108）、味王（1203）、大成（1210）、統一（1216）、台塑（1301）、南亞（1303）、三芳（1307）、達新（1315）、台化（1326）、遠東新（1402）、福懋（1434）、南紡（1440）、大東（1441）、年興（1451）、強盛（1463）、南緯（1467）、儒鴻（1476）、聚陽（1477）、士電（1503）、廣隆（1537）、大亞（1609）、億泰（1616）、和益（1709）、萬洲（1715）、台紙（1902）、中鋼（2002）、建大（2106）、三陽（2206）、鴻海（2317）、仁寶（2324）、宏碁（2353）、勝華（2384）、鋁新（2415）、群創（3481）、洋華（3622）、炎洲（4306）、東隆興（4401）、銘旺實（4432）、永捷（4714）、松和（5016）、桂盟（5306）、真明麗（911868）、寶成（9904）、大華（9905）、豐泰（9910）、百和（9938）、宏全（9939）、新麗（9944）、F-楷捷（2721）、興采（4433）

1-7 台商海西特區概念股

台泥（1101）、台塑（1301）、國喬（1312）、榮化（1704）、和桐（1714）、正新（2105）、光寶科（2301）、台達電（2308）、鴻海（2317）、億光（2393）、友達（2409）、中華電（2412）、燦坤（2430）、晶電（2448）、華映（2475）、一詮（2486）、國產（2504）、台壽保（2833）、統一證（2855）、富邦金（2881）、國泰金（2882）、玉晶光（3406）、群創（3481）、輔祥（6120）

1-8 兩岸服貿協定

訊聯（1784）、台驊（2636）、燦星旅（2719）、富邦金（2881）、國泰金（2882）、開發金（2883）、玉山金（2884）、元大金（2885）、兆豐金（2886）、永豐金（2890）、中信金（2891）、基亞（3176）、歐買尬（3687）、東洋（4105）、智擎（4162）、承業醫（4164）、龍巖（5530）、中菲行（5609）、鳳凰（5706）、網家（8044）、F-金可（8406）

2 新產業概念股

2-1 3D列印概念股

直得（1597）、訊聯（1784）、上銀（2049）、神達（3706）、旺宏（2337）、華邦電（2344）、威盛（2388）、研華（2395）、凌陽（2401）、偉詮電（2436）、神基（3005）、威強電（3022）、聯鈞（3450）、揚明光（3504）、大塚（3570）、鑫科（3663）、國精化（4722）、新唐（4919）、亞泰（4974）、中光電（5371）、均豪（5443）、上奇（6123）、茂達（6138）、立錡（6286）、東捷（8064）、致新（8081）、實威（8416）、智泰（3151）、華信科（3627）、研能（8197）

2-2 4G釋照概念股

台揚（2314）、友訊（2332）、智邦（2345）、廣達（2382）、中華電（2412）、聯發科（2454）、全新（2455）、宏達電（2498）、台灣大（3045）、穩懋（3105）、明泰（3380）、譁裕（3419）、昇達科（3491）、智易（3596）、合勤控（3704）、遠傳（4904）、正文（4906）、新復興（4909）、先豐（5349）、中磊（5388）、啟碁（6285）、華寶（8078）、宏捷科（8086）、亞太（3682）

2-3 4G-LTE概念股

聯電（2303）、日月光（2311）、台揚（2314）、鴻海（2317）、東訊（2321）、仁寶（2324）、矽品（2325）、台積電（2330）、友訊（2332）、智邦（2345）、宏碁（2353）、華碩（2357）、瑞昱（2379）、廣達（2382）、威盛（2388）、中華電（2412）、聯發科（2454）、全新（2455）、宏達電（2498）、智原（3035）、台灣大（3045）、建漢（3062）、穩懋（3105）、璟德（3152）、台星科（3265）、明泰（3380）、譁裕（3419）、昇達科（3491）、智易（3596）、合勤控（3704）、遠傳（4904）、正文（4906）、新復興（4909）、華星光（4979）、中磊（5388）、矽格（6257）、華寶

（8078）、宏捷科（8086）

2-4 智慧型眼鏡

日月光（2311）、鴻海（2317）、矽品（2325）、大立光（3008）、亞光（3019）、揚明光（3504）、順邦（6147）、鉅景（3637）

2-5 藍芽概念股

全友（2305）、台揚（2314）、東訊（2321）、仁寶（2324）、致伸（4915）、佳世達（2352）、宏碁（2353）、英業達（2356）、倫飛（2364）、昆盈（2365）、大同（2371）、廣達（2382）、云辰（2390）、合勤控（3704）、友旺（2444）

2-6 台灣頁岩氣概念股

台塑（1301）、南亞（1303）、台化（1326）、東元（1504）、台肥（1722）、中碳（1723）、中橡（2104）、華航（2610）、長榮航（2618）、巨路（6192）、康舒（6282）、台塑化（6505）、復航（6702）、高力（8996）、中鼎（9933）

3 土地開發概念股

3-1 捷運概念股

新紡（1419）、士電（1503）、士紙（1903）、南港（2101）、六福（2705）

3-2 高雄經貿概念股

台泥（1101）、亞泥（1102）、臺塑（1301）、東聯（1710）、國化（1713）

3-3 台南科學園區概念股

大成（1210）、東和（1414）、南紡（1440）、正道（1506）

3-4 工商綜合區概念股

味全（1201）、廣豐（1416）、臺紙（1902）、泰豐（2102）

3-5 桃園航空城概念股

味全（1201）、黑松（1234）、台塑（1301）、大洋（1321）、遠東新（1402）、新纖（1409）、南染（1410）、嘉裕（1417）、中福（1435）、勤益（1437）、裕豐（1438）、東元（1504）、三洋電（1614）、永豐餘（1907）、泰豐（2102）、厚生（2107）、冠德（2520）、達欣工（2535）、榮運（2607）、大榮（2608）、華航（2610）、中櫃（2613）、長榮航（2618）、欣陸（3703）、友輝（4933）、工信（5521）、遠雄港（5607）、中菲行（5609）、華孚（6235）、高鐵（2633）

4 國際大廠概念股

4-1 Windows概念股

戊矽（2342）、華邦電（2344）、南科（2408）、鈺創（5351）、創見（2451）、金寶（2312）、合勤控（3704）、友訊（2332）、智邦（2345）、錸德（2349）、中環（2323）、建碁（3046）、聯發科（2454）、敦吉（2459）、亞光（3019）、友旺（2444）、訊連（5203）、創惟（6104）、連展（5491）、鴻海（2317）、智原（3035）

4-2 Intel概念股

日月光（2311）、華通（2313）、楠梓電（2316）、鴻海（2317）、華泰（2329）、台積電（2330）、友訊（2332）、智邦（2345）、聯強（2347）、威盛（2388）、新巨（2420）、健鼎科技（3044）、捷元（5384）、亞矽科技（6113）

4-3 Apple I TV概念股

鴻海（2317）、台積電（2330）、友達（2409）、燦坤（2430）、晶

電（2448）、聯發科（2454）、東貝（2499）、大立光（3008）、璨圓（3061）、正達（3149）、緯創（3231）、新世紀（3383）、玉晶光（3406）、群創（3481）、嘉彰（4942）、瑞儀（6176）、台郡（6269）、台表科（6278）、志超（8213）

4-4 Compaq概念股

光寶（2301）、台達電（2308）、華通（2313）、神達（3706）、鴻海（2317）、英業達（2356）、燿華（2367）、金像電（2368）、大同（2371）、群光（2385）

4-5 IBM概念股

光寶（2301）、台達電（2308）、華通（2313）、台積電（2330）、佳世達（2352）、宏碁（2353）、金像電（2368）、大同（2371）、廣達（2382）、群光（2385）

4-6 Dell概念股

光寶（2301）、台達電（2308）、鴻海（2317）、仁寶（2324）、燿華（2367）、金像電（2368）、廣達（2382）、群光（2385）、欣興電子（3037）

5 能源概念股

5-1 水資源概念股

幸福（1108）、統一（1216）、泰山（1218）、中宇（1535）、台肥（1722）、臺鹽（1737）、崇越（5434）、惠光（6508）、千附（8383）、偉盟（8925）、國統（8936）、康那香（9919）、中聯資（9930）

5-2 油電概念股

東元（1504）、中興電（1513）、華城（1519）、樂士（1529）、山隆（2616）、台塑化（6505）、欣雄（8908）、台汽電（8926）、大汽電

（8931）、大台北（9908）、欣天然（9918）、新海（9926）、欣高（9931）、全國（9937）

6 摩根概念股

台積電（2330）、鴻海（2317）、台塑化6505）、中華電（2412）、聯發科（2454）、南亞（1303）、國泰金（2882）、台塑（1301）、台化（1326）、富邦金（2881）、中鋼（2002）、台達電（2308）、台灣大（3045）、兆豐金（2886）、中信金（2891）、統一（1216）、廣達（2382）、正新（2105）、日月光（2311）、統一超（2912）、遠傳（4904）、和泰車（2207）、華碩（2357）、遠東新（1402）、聯電（2303）、元大金（2885）、第一金（2892）、台泥（1101）、華南金（2880）、合庫金（5880）、彰銀（2801）、大立光（3008）、開發金（2883）、亞泥（1102）、可成（2474）、宏達電（2498）、永豐金（2890）、光寶科（2301）、矽品（2325）、台新金（2887）、玉山金（2884）、研華（2395）、群創（3481）、寶成（9904）、仁寶（2324）、鴻準（2354）、友達（2409）、新光金（2888）、英業達（2356）、和碩（4938）、裕隆（2201）、巨大（9921）、儒鴻（1476）、聯強（2347）、F-TPK（3673）、潤泰新（9945）、台玻（1802）、F-中租（5871）、台肥（1722）、聯詠（3034）、神隆（1789）、緯創（3231）、潤泰全（2915）、美利達（9914）、佳格（1227）、福懋（1434）、長榮（2603）、大聯大（3702）、東元（1504）、上銀（2049）、華航（2610）、宏碁（2353）、長榮航（2618）、F-臻鼎（4958）、瑞儀（6176）、群光（2385）、晶電（2448）、景碩（3189）、臺企銀（2834）、遠百（2903）、藍天（2362）、裕民（2606）、台橡（2103）、遠雄（5522）、創見（2451）、力成（6239）、中華（2204）、中鼎（9933）、興富發（2542）、欣興（3037）、陽明（2609）、萬海（2615）、晶華（2707）、瑞昱（2379）、中石化（1314）、南港（2101）、榮化（1704）、華新（1605）、豐興（2015）、健鼎（3044）、正崴

（2392）、世界（5347）、漢微科（3658）、群聯（8299）、新普（6121）

7 資產概念股

味王（1203）、黑松（1234）、中石化（1314）、大洋（1321）、遠東新（1402）、新纖（1409）、新紡（1419）、勤益（1437）、南紡（1440）、大東（1441）、士電（1503）、東元（1504）、勤美（1532）、三洋電（1614）、南僑（1702）、興農（1712）、國化（1713）、台肥（1722）、台紙（1902）、士紙（1903）、高興昌（2008）、唐榮（2035）、南港（2101）、泰豐（2102）、厚生（2107）、裕隆（2201）、三陽（2206）、藍天（2362）、大同（2371）、國產（2504）、國揚（2505）、六福（2705）、欣欣（2901）、農林（2913）、台火（9902）

8 奧運世足賽概念股

遠東新（1402）、弘裕（1474）、光寶科（2301）、台達電（2308）、台揚（2314）、中環（2323）、錸德（2349）、佳世達（2352）、華碩（2357）、大同（2371）、凌陽（2401）、友達（2409）、中華電（2412）、圓剛（2417）、華映（2475）、兆赫（2485）、瑞軒（2489）、揚智（3041）、鼎天（3306）、致振（3466）、群創（3481）、合勤控（3704）、正文（4906）、中光電（5371）、同協（5460）、百一（6152）、啟碁（6285）、聖馬丁（910482）、F-鈺齊（9802）、寶成（9904）、大華（9905）、豐泰（9910）

*以上資料來源：鉅亨網、嘉美資訊、各大券商報告綜合整理

1-4
季節概念股選股

一、基本概念

　　常常聽老一輩的投資人說投資股票一年就做個一兩波就好了，沒有必要每天在股市進進出出，到最後是白忙一場。投資股市就像農夫種田一樣，也是有「春播」、「夏耕」、「秋收」、「冬藏」的季節性之分。台股在操作上也有類似的情形，依據不同的季節或時間點，會發生相關事件，進一步的找出受惠的類股與個股，如果能預知未來一、二個月可能會發生的事情，提早進場布局，謀定而後動，在台股搶先機，就可以用正確的觀念從股票市場上賺到合情合理的財富。雖說股市千變萬化，但又好像不盡然，每年會炒作的題材流行的話題往往都大同小異。

　　季節概念股通常是一年的特定時間，股價會有所表現。有些投資人善於掌握這類股票，依據不同節氣來操作台股，把台股操作和農民耕作的觀念合而為一，就好像是看「股市農民曆」一樣，這種操作邏輯是有它的道理。季節概念股的成因可能是氣候因素、或是人為制度，也有可能是投資人依據過去的慣例，產生的投資心態。

　　許多上市櫃公司的產業，都有淡旺季的季節性循環，當旺季來臨時，營收會增加；當淡季的時候，營收會衰退。投資人可依據淡旺季來操作這一類股的股票，這看起來是一個不錯的邏輯，但投資人可要當心，這是個陷阱。因為淡旺季全市場的人都知

道，所以大家都會提前布局，大約提早3～4個月買進，所以股價就會先行反應。等到旺季到來，先前布局的人就會逢高出脫，形成營收增加，股價下滑的現象。因此投資這一類的股票，宜在最淡季時買進，旺季時賣出。這一類主流股的上漲期通常只有3～4個月，因此投資人宜採取中線的投資策略。

最常聽到電子類股的旺季是從9月的返校需求，到11月的美國聖誕節需求，再到中國農曆年的需求。而第二季是電子業的淡季，所以電子業有「五窮，六絕，七上吊」的說法。線上遊戲和旅遊飯店業的旺季也在寒暑假，因此，聰明的投資人宜在旺季前面的兩個月前，布局線上遊戲股，如網龍（3083）、鈊象（3293）、橘子（6180）、智冠（5478），或是旅遊飯店業的鳳凰（5706）、國賓（2704）、劍湖山（5701），接著旺季到來就要逢高出脫持股。

二、氣候因素的季節性概念股

1 基本概念

進入夏天天氣炎熱，飲料、冷氣機、電扇等需求大增，相關公司的業績自然好。運動和戶外用品在夏天也會熱賣，例如：運動鞋、排汗衣、除草機、釣魚線等。進入冬天天氣寒冷，防寒成衣、電熱爐、油脂、汽油、食品等需求大增，相關公司的生意進入旺季。

2 投資策略

投資人面對季節性概念股，首先要了解產業的淡旺季和上中下游關係，並分析哪些公司是龍頭廠商，哪些是二、三線廠商，

接著再依據季節性概念股擬訂投資策略。

投資氣候因素的季節概念，有「買在淡季、賣在旺季」的投資邏輯，也就是說「在營收最不好的淡季；勇敢買股；在營收最好的旺季，捨得賣股」。一年四季分為春、夏、秋、冬，以夏季和冬季的氣候變化最明顯，如果當年夏季是酷夏，冬天是寒冬，則氣候因素的季節概念會更旺。

我們以飲料為例，冬天是淡季，營收獲利衰退，股價在相對低檔，此時投資人就要堅信冬天一定會過去，夏天旺季一定會來，投資人此時要勇敢的逢低進場；等到夏天來臨時，營收會緩步上升，如果遇到酷暑，營收獲利會飆升，股價也會水漲船高，此時投資人不要被營收創新高，沖昏了頭，反而要理性地告訴自己，夏天一定會過去，要捨得賣股票，賣在相對高點。

宏全（9939）是製造飲料瓶蓋、瓶身的專業容器廠，由於夏天是飲料產業的旺季，因此宏全的營收旺季從5月～10月，營收淡季是從11月到隔年3月。投資人的買進點是在淡季，賣出點是在旺季。在投資標的的選擇上，依據產業特性，可先布局飲料包材業，宏全、統一實、大華金屬等，接著是飲料製造商，黑松、統一、泰山等，最後是通路商，統一超和全家。

三、長假因素的季節性概念股

1 基本概念

一般而言，長假都是人訂的制度，學校的暑假、寒假和開學，中國的春節、中秋節、端午節、尾牙或是五一長假、十一長假，美國的新年、感恩節和聖誕節。這些人為訂的節慶或放假

日，都會伴隨著一些特定需求，相關的產業會成為為受惠股。投資人在投資這類股票，要了解這些產業的受惠股有哪些，並且在節慶到來前一個月就要佈局買股，因為產業的營收會先反映，節慶發生時就要賣股，因為節慶過後就沒需求了。

五一長假是中國上半年的長假，中國政府是由「工、農、兵」起家，對於勞工的福利特別重視，以勞動節當天加上周休及彈性休假（有薪假），五一假期成為中國的長假。

十一長假是中國旅遊的大日子，中國的國慶日是10月1日，10月1日起有長達一周的假期，稱為十一長假。受惠於大陸「九金十銀」帶來的消費浪潮逐漸發酵，13億人口帶來的消費動能，將讓中概內需、消費產業吃下營運大補丸。「金九銀十」原指大陸9～10月逐漸進入秋收階段，現在多用以形容一年一次銷售旺季，當地業者於9～10月份的營運表現，往往優於其他月份。隨時序進入「金九銀十」消費旺季，將替中國消費產業帶來龐大的營運動能，大陸中秋連假4天，加上「十一黃金周」7天假期，是出門旅遊的重點日，也是下半年內需產業的旺季。

2 投資策略

長假效應會引發民眾觀光旅遊的需求，也會引起民眾刺激購物的意願，一般而言，長假概念股集中在觀光、旅遊、飯店、餐飲和電子產品。由於長假的日子都是早就訂定了，因此在預期的心理下，股價都會先行反應，投資策略上要在長假來前一個月就進場買進，等到長假開始後伺機高檔出貨，賺取價差。

美國的感恩節和聖誕節的受惠股集中在電子產業的資訊和通訊產業，例如：智慧型手機、平板電腦、遊戲機等消費性電子產

品，另外成衣業和製鞋業也會受惠，由於11月是感恩節，接著12月是聖誕節，最後在1月1日的新曆過年到達高潮，歐美的消費旺季在這段期間，演出接力賽，投資人可以在第4季佈局這些股票，進行波段操作，10月份先操作感恩節行情，感恩節來臨前逢高出場，11月底再操作聖誕節行情，聖誕節來臨前再逢高出場，最後是新曆年行情。

中國的長假就分配的比較平均，上半年是五一長假，下半年是十一長假，還有一個重要節日是中國農曆春節。中國的長假概念股，受惠產業比較廣泛，分別是觀光、旅遊、飯店、餐飲、成衣、製鞋和電子產品。中國近年來為了全力拼經濟，藉由長假帶動內需，擴大民間消費及引爆製造業的急單效應。

以「五一」或「十一」黃金周為例，除了會引發新一波來台觀光熱之外，也將帶動中國大陸內需產業新一波消費潮；因此，包括航運、觀光及中國收成概念股，都將受惠此一政策。目前大陸居民赴台旅遊人數一直呈現增加趨勢，在大陸各地積極配合萬人遊台的計畫之下，如果再有「五一黃金周」或「十一黃金周」加持，陸客來台每日提升絕對不是問題。為了全力拉動內需市場，長假確實可以激發民間的消費狂熱，除了旅遊、飯店、餐飲等業者首先受惠之外，社會上也會燃起一波高密度的購物狂熱。

相關內需消費通路如：潤泰全（2915）、潤泰新（9945）、益航（2601）、F-美食（2723）、大聯大（3702）、聯強（2347）；百貨股麗嬰房（2911）、遠百（2903）；低價智慧型手機族群聯發科（2454）、奕力（3598）等走勢相對抗跌，在消費商機帶動下，業績同步看好。另外，長假可望為中、南部觀光餐飲注入一劑強心針，預估為新天地國際（8940）、劍湖山

（5701）、墾丁福華、夏都（2722）及義聯集團旗下的義大遊樂世界等，帶進實質利多。

在電子業方面由於長假之故「五一」將會使5月初的訂單，提前集中在4月以前釋出，「十一」將會使10月初的訂單，提前集中在9月以前釋出，所以會出現零組件廠商提前一個月出貨，成品廠提前半個月鋪貨的情形，這種電子零售商品的急單效應會提前發酵，他們的營收也會提前一個月反映，這是市場上的共同認知，投資人就會先行進場買股，股價就會緩步上漲。所以投資人要在長假前兩個月就慢慢佈局這類概念股，然後在長假時慢慢逢高出貨。

中國農曆年是中國長假中最重要的節日，也是三大長假消費力最強的一個長假，他的概念股除了「吃喝玩樂」概念股外，成衣業會是重要概念股，中國人過年「穿新衣、戴新帽」是傳統，特別是一胎化的趨勢下，成衣業如：儒鴻、聚陽、麗嬰房等，在農曆春節時是銷售旺季。

3 投資實例－長假概念股

3-1 春節採買年貨商機概念股

遠百（2903）、潤泰新（9945）、潤泰全（2915）、燦坤（2430）、全國電（6281）、順發（6154）、卜蜂（1215）、味全（1201）、統一（1216）、大同（2371）、神腦（2450）

3-2 五一、十一長假受惠股

*內需概念股：統一（1216）、味全（1201）、大成（1210）、卜蜂（1215）、康師傅（910322）、佳格（1227）、美食達人（2723）

*通路股：潤泰全（2915）、潤泰新（9945）、麗嬰房（2911）、燦

坤（2430）、廣宇（2328）、聯強（2347）、藍天（2362）、益航（2601）、遠百（2903）

＊觀光業股：鳳凰（5706）、燦星網（4930）

＊飯店業股：晶華（2707）、國賓（2704）、六福（2705）、劍湖山（5701）

＊航空業股：長榮航（2618）、華航（2610）

3-3 聖誕節、感恩節概念股

＊蘋果概念股：鴻海（2317）、正崴（2392）、英華達（3367）、今皓（3011）、可成（2474）、至上（8112）、鴻準（2354）、大立光（3008）、玉晶光（3406）、宸鴻（3673）、勝華（2384）、新普（6121）、順達（3211）、群聯（8299）、晶技（3042）、景碩（3189）、嘉聯益（6153）、台郡（6269）、欣興電（3037）、華通（2313）、美磊（3068）

＊PS3概念股：台達電（2308）、鴻海（2317）、和碩（4938）、正崴（2392）、鎰勝（6115）、欣興電（3037）、南電（8046）、晶技（3042）

＊Wii概念股：旺宏（2337）、鴻準（2354）、典範（3372）、台達電（2308）、鉅祥（2476）、原相（3227）

＊Xbox概念股：台達電（2308）、廣宇（2328）、緯創（3231）、晶技（3042）、今皓（3011）、昆盈（2365）、健策（3653）

四、節氣因素的概念股

1 基本概念

　　節氣概念股是指民間的節氣會影響民眾的消費行為，帶動部分產業營收和獲利的增加，進一步讓該類股股價有上漲的機會，這類股票稱為節氣概念受惠股，但也有部分產業營收反而減少，

股價有下滑的壓力,稱為節氣概念的受害股。台灣重要節氣有中元節、中秋節和尾牙等,這三大節日的受惠股大多集中在民生用品,特別是食品業、餐飲業。例如:中秋節是糕餅業最忙的季節,投資人在一個月前就要買進,麵粉大廠聯華或是油脂大廠南僑的股票,等到中秋節時就要逢高賣出持股。長假期間是旅遊旺季,投資人可事先布局航空公司、旅行社、遊樂場和飯店餐飲業,等長假到時,看利多不漲時,逢高出脫持股。

另外台灣股市有節氣變盤的說法,也就是節氣前後大盤指數會變盤,有時候是跌勢變漲勢,有時候是漲勢變跌勢。每次節氣來臨前,市場多會針對變盤說加以分析,例如「中秋變盤」是每年台股演的一齣戲,姑且不論變盤說是否準確,但卻是市場的話題,有時會影響投資人的行為。除了2008年中秋適逢雷曼兄弟倒閉事件,台股指數因國際金融情勢一路下修外,近10年來台股中秋節後多呈現上漲格局,後三個月與後半年的上漲機率都高達八成。歷年中秋節前後股市表現變盤說是議題,但是台股的漲跌受節氣影響不大,除了基本面外,主要還是受國際股市與外資加碼影響較大。

2 投資策略

2-1 中元節

農曆7月國內傳產股表現較電子股亮眼,有帶動大盤作用;除了中元普渡帶動所需供品,包括零食、堅果、飲料汽水等業者營收和獲利提升外,中秋節送禮的選購也可望於本月提早進行,每年中元節前的出貨量,包括零食點心、油脂、飲料及肉品等,較平常日約成長一至三成,直接帶動相關個股的營收成長。相關

中元節概念股，包括愛之味（1217）、味全（1201）、康師傅（910322）、味王（1203）、統一（1216）、黑松（1234）、佳格（1227）、聯華食（1231）等。

酷暑商機再加上農曆七月中元節的銷售旺季來臨，食品、飲料廠積極推出新品及加緊生產，展開備貨以因應市場需求，包括泡麵、罐頭、零食點心、飲料及肉品等，在中元節檔期出貨量將可向上攀升，也進一步挹注相關廠商7月份營收表現。 此外，暑假氣溫持續飆高，也帶動冰品、飲料業績走揚，中元節對飲品出貨挹注雖不若泡麵明顯，不過黑松、泰山、愛之味等業者營收仍將向上。

中元節也有一些受害股，因為中元節又稱「鬼月」，一般民眾比較不願意在農曆7月份買車、買房和結婚，雖然這個習俗年輕人不在意，但是出錢的長輩可是很在意的。因此整車概念股的裕隆（2201）、中華（2204）、裕日車（2227）、和泰車（2207）都是受害股，營建類股的興富發（2542）、皇翔（2545）、華固（2548）、太子（2511）、力麒（5512）、全坤興（2509）、冠德（2520）、長虹（5534）也會受害，還有以結婚喜宴為主的新天地，農曆七月的營收肯定下滑。

但反過來想，農曆七月一定會過去，接著這些公司就要迎接第四季的旺季，因此趁著淡季時逢低加碼這些股票，等到旺季到來，營收獲利增加，股價順勢上漲時，逢高出場，不失為一個安全的投資策略。

2-2 中秋節

從過往經驗來看，台股在中秋節後普遍以傳產的表現優於電

子、金融類股。觀察過去20年以來台股中秋前後股市表現，在中秋節前後股市漲跌情況，整體來看節前下跌、節後上漲機率偏高，重點在選股不選市，選對類股比大盤走勢還重要。

食品業的龍頭統一（1216）及宏亞（1236）每年均推出月餅禮盒，業績挑戰成長的目標，至於流通業，包括三大量販及統一超（2912）及全家（5903）等，中秋檔期均有機會成長。月餅市場是糕餅業、飯店、連鎖超商等各通路預購商品的最大檔期。糕餅類的原料是麵粉和烘培油，台灣最大麵粉廠是聯華，最大商用油脂廠是南僑，這兩家公司在中秋節前糕餅業會大量進貨，所以中秋節前一個月是旺季，股價會提前一個半月發酵。

另外中秋節台灣人流行烤肉，烤肉商品、雞、豬、牛和羊等肉品需求會大增，大成、卜蜂等肉品公司也會受惠，投資人也要先行布局。

2-3 尾牙

農曆年前的尾牙抽獎活動是老闆一年一次犒賞員工的好時機，抽獎最熱門大獎都以時下最流行最夯的智慧型手機、平板電腦、遊戲機等為主，其餘獎項如：液晶電視、家電、腳踏車、超商禮券、百貨公司禮券等。因此尾牙相關受惠股，包括通路商的聯強、神腦、燦坤、全國電、順發。另外，家電製造商元山、燦星網、亞弘電、新麥，國內家電品牌廠東元、大同、聲寶、三洋電，辦理外燴及餐廳的新天地等都受惠。

進入年底尾牙及喜宴旺季，觀光類股的晶華（2707）、六福（2705）、國賓（2704）等，尾牙及喜宴訂單在第四季是旺季。11、12月的餐飲及住房買氣都出現回溫，12月有耶誕檔期及跨

年，是傳統旺季，可帶動整體營收增溫。

另外每年尾牙，上市櫃老闆會在尾牙時，提出明年產業的看法和公司的業績展望，大老闆的看法隔天都會在報紙登出，如果看法非常樂觀，股價隔天有可能上漲，如果看法保守，股價會向下修正。

3 投資實例－節氣概念股

3-1 中元節概念股

味全（1201）、統一（1216）、大成（1210）、大飲（1213）、卜蜂（1215）、愛之味（1217）、泰山（1218）、佳格（1227）、聯華食（1231）、黑松（1234）、宏亞（1236）、全家（5903）、三商行（2905）、遠百（2903）、統一超（2912）、潤泰全（2915）、潤泰新（9945）

3-2 中秋節概念股

＊月餅禮盒：聯華（1229）、南僑（1702）、F-美食（2723）

＊流通業：統一超（2912）、全家（5903）、潤泰全（2915）、潤泰新（9945）

＊烤肉：大成（1210）、卜蜂（1215）

3-3 尾牙概念股

＊尾牙聚餐：晶華（2707）、六福（2705）、國賓（2704）、王品（2727）、瓦城（2729）、新天地（8940）

＊尾牙贈品：統一超（2912）、全家（5903）、燦坤（2430）、全國電（6281）、遠百（2903）、潤泰全（2915）、東元（1504）、聲寶（1604）、大同（2371）、三洋（1614）、瑞智（4532）

三、過去慣例的概念股

1 基本概念

1-1 投信結帳概念股

通常投信在季底會發給基金經理人獎金，如果該季度基金都賺錢，基金經理人為了確保戰果會在季底前賣股，此時股價形成賣壓，這就是所謂的「結帳行情」。如果該季度基金都賠錢，基金經理人為了讓基金淨值不要太難看，基金經理人會在季底前相互買股，墊高淨值，此時股價形成買盤，這就是所謂的「作帳行情」。

1-2 集團作帳概念股

集團作帳概念走紅的原因跟2013年開始實施的「34號公報」關係密切，「34號公報」將金融資產商品分成交易目的、持有至到期及備供出售三種，其以交易目的及備供出售影響較大。交易目的金融商品大多以短線操作交易為主，必須以公平價值法進行評價，且將評價結果列入損益表，直接影響公司EPS變化。

至於備供出售的金融資產商品，也須依公平價值評價，但將資產損益評價結果，列入股東權益項下，只會影響每股淨值變化，一般公司長期股權投資，大都會選擇備供出售。「34號公報」上路後，上市櫃公司平時已先認列虧損，部分公司持有的長期股權投資，如果成本遠低於市價，經公平價值法評價後，將可提高獲利及淨值。

1-3 董監改選概念股

根據公司法規定，公司董監事的任期不得超過三年，但得連

選連任,因此公司面臨三年一度的董監改選,董監改選的議程是排在改選年度的股東會,在股東會召開的前60日為停止過戶日,投資人必須在此之前購入股票,才能參與股東會,並選舉或被選舉為董監,因此往年董監改選行情都在股東會前三到四個月,甚至更早之前就開始點火。

當有心入主公司的市場派在市場上買進股票,或是取得委託書,進而取得董監席次和經營權,公司派為了鞏固經營權,也會在此時增加持股以相抗衡,主力、作手趁勢進場低買高賣,散戶聞訊也想進場買進股票賺取價差,各方人馬爭相購入公司股票的態勢下,股價往往一路走高,此即董監改選行情。

1-4 災害概念股

通常台灣夏天會有颱風,引發地方災情,防災或救災概念股就會有表現。每年秋冬交接之際,流感通常會大流行,此時防疫概念股將受到關注。受惠於颱風可能帶來災情,以及颱風假所帶動的「宅經濟」持續發酵,包括食品、水泥、鋼鐵、電機電纜、營造工程、線上遊戲等類股,也可望受需求面激勵,躍居短線盤面最具漲相的風災受惠題材族群。至於受到風災影響而有損失的族群,則要注意**股市減少一個交易日的證券股**,以及民眾減少出門而影響到的觀光股。不過,整體而言,風災對台股影響程度有限。

風災過後,道路中斷、房屋受損,災後重建需要大批材料,營建、水泥、鋼鐵、機電等相關類股,也可能因市場需求轉股而增加營收。災後重建題材概念股以傳產類股居多,颱風天風雨交加,民眾因預期餐廳可能不開門營業、蔬菜類價格恐上揚,便利商店、量販店架上的泡麵、罐頭被搶購一空,預料食品類股的味

全、味王及便利商店、量販店的統一超、潤泰全等,將因風災需求受惠。

1-5 選舉概念股

台灣選舉的過程與結果一直影響著股市,因為它關係著執政黨與在野黨勢力的消長,也決定台灣在政治上、經濟上的走向。選前執政黨必定大放股市利多消息,不僅希望抓住股市投資者的選票,同時也藉以表現經濟上欣欣向榮的景象,這也是執政黨的選舉策略,希望拉股票換選票,這就是市場上所稱的「選舉行情」。

但是這樣的效果仍有待商榷,因為在選舉前變數太多,投資人大都選擇退場觀望。選前股市常會出現成交量大幅萎縮的效應,除了因選舉變數多,保守型的投資者退場觀望外,資金流向候選人的選舉系統,也是重要的原因。

反觀選舉前一年,由於執政黨或是在野黨都需要大量的選舉經費,財團也要大量政治獻金,因此大家都有需求,藉由股市操作獲取選舉經費,如果國際金融局勢沒有太大變化,通常會有選舉前的「籌資行情」出現。

2 投資策略

過去慣例的季節概念股是依據過去的經驗,時間到了有可能會發生,也可能不會發生。投資人可近距離觀察市場的消息和這些股票的表現,再來決定買賣時點。

2-1 投信結帳或作帳概念股的投資策略

所以跟著投信操作的重點是,當股價往上走,投信買進,投

資人可以跟著進場，但是當投信買超金額變小，或是轉買為賣，投資人就要順勢離場。如果股價往下跌，投信買進，投資人千萬不要看投信買進就進場，因為這表示有一股賣壓比投信買進的力量更強，股價才會下修。如果投信看錯行情，也會停損出場，通常損失達到10%或是20%，會引發投信的停損賣壓，如果有一檔股票，投信持股很高，股價又下跌，千萬離他遠一點。

投信都有季底結帳的賣壓或作帳的買盤，投資人手中的股票如果是投信認養股，而且股價漲很多，會形成投信季底結帳賣出的標的，可以考慮在季底前出脫。如果投信持股很高，但股價處於套牢階段，投信會相互抬拉股價，讓基金淨值提高，此時投資人可以短線介入，享受投信的季底作帳行情。

2-2 集團作帳概念股的投資策略

同在一個集團下，企業之間多有交叉持股，個別股價表現也就連動影響著彼此財報上的轉投資潛在損益。於是，每逢年底期間，集團公司派對股價的心態必然積極偏多，好讓年度財報的數字能夠亮麗一些，這就是集團股作帳行情成為股市年度壓軸好戲的原因。年底期間，集團公司派的動向簡直就是公開的內線消息，作多意願昭然若揭。

投資人不妨看看每年第四季狀況，台塑、華新、長榮、統一、遠東、和信等六大集團的相關個股，每年11月到12月間的股價表現通常會全面走揚，由年底的集團股作帳行情表現來看，雖然還不到「隨便買隨便賺」的地步，但已明確彰顯出集團公司派在年底期間積極作價的偏多心態。雖說如此，投資人面對集團作帳行情仍有一些準則，如果當時是空頭市場，集團要勉強做「作帳行情」確實有難度，因此集團作帳行情只適用在多頭市場。其

次，由於大家都知道第四季有機會出現集團作帳行情，大家都會事先布局，因此最佳的切入點是10月和11月，最多到12月中旬就要退場，因為過了年底就沒有作帳的需求，投資人就會先行離場，12月下旬就會形成賣壓。

2-3 董監改選概念股的投資策略

投資人布局董監改選行情，要從前一年的年底開始，因為一般股東會的停止過戶日（為了計算股權的基準日）大多是安排在4到5月間，通常在停止過戶前一個月，有時候公司派和市場派的勝負已經底定，甚至雙方人馬早已協調好，表面上互相叫囂，散戶還以為有利可圖，其實兩派人馬正等待散戶進場時，把手中股票倒給散戶。因此，布局要在前一年底就開始，千萬不要等到停止過戶前1個月才進場買股。2011年國票金控的董監改選就是最著名的例子。

要參與董監改選行情，首要條件就是董監持股低於法定比率的公司，尤其是回補張數佔月平均成交量的比重高，表示潛在買盤動能強，此外，有經營權之爭、土地資產龐大的公司，也是可以觀察的標的。另外觀察歷年財報，找出本業經營穩健的公司，若這類公司股價不高，本益比、股價淨值比處於低水位，那就是最理想的選擇，畢竟董監改選行情只是籌碼面的問題，公司經營績效才是選股的重點。在大盤走勢低迷時，董監改選行情可讓股價有倍數上漲的空間；但若是大盤位於相對高檔，則漲幅會比較小。

2-4 災害概念股的投資策略

豪雨成災的需求，大致分為民生及重建兩大部分，基本民生

物資和防疫消毒、清潔用品是短期效益,確實短線上會帶來營收的暴增,也會讓股價上漲,因為是短線利多,只能短進短出,長期仍要看產業趨勢。災後重建耗時較長,重建概念股的實質獲利不會立即顯現,受惠產業的股價雖會領先反映短線題材的發酵,但最終還是要回歸基本面的軌道,災後概念股僅能以短多看待,千萬不要盲目追高。

颱風季節可能引發天然災害,防災概念股會有行情,投資人由新聞中得知,颱風在台灣外海時,就要觀察颱風走勢,如果是超級颱風直撲台灣,可事先買進相關股票。國外天氣也會影響國內公司的營收,當冬天有一連串的暴風雪侵襲歐美地區,從事健康器材的喬山,業績會因為民眾減少戶外運動而增加;從事車燈製造的帝寶、堤維西,會因為車禍增加而接獲大筆的訂單。

2-5 選舉概念股的投資策略

選前一年的選舉籌資行情,是投資人一定要把握的,因為執政黨、在野黨和財團都有從股市撈錢需求,藉由股市操作獲取選舉經費,投資人當然要想辦法混水摸魚一番。例如2000年之前的1999年,台股漲了5000多點;例如2004年之前的2003年,台股漲了2500多點;例如2008年之前的2007年,台股漲了3000多點;但是2012年之前的2011年,因「日本大地震」、「歐債危機」連續重擊國際股市,台股也無法倖免,再加上2009年到2010年股價由3955點漲到9220點,也讓台股繼續上漲的動能減少。至於要買哪些股票呢?有幾個方向,首先是當年的主流股,當年營收、獲利好,產業前景佳的股票;接著是權值股,因為他上漲可以帶動指數衝高;最後是傳產股、集團股或是和候選人關係密切的財團股,因為他的產業特性和政府政策相關,必須要做政治獻金,才

能確保經濟上的利益。

　　選舉前二個月的選舉前行情，有時候會失靈，有時候漲的理直氣壯，2000年、2004年都失靈，2008年、2012年都先下跌，然候選前三個月才上漲。所以說投資人千萬不要陷入選前一定有選舉行情，股市一定大漲的迷思。有時候執政黨會故意讓大盤指數在選前盤跌，套牢一大堆股民散戶，然後放出風聲說，如果執政黨大勝，股價就會大漲2000點，你手中的股票就能賺錢；如果執政黨大敗，股價就會大跌3000點，你就會傾家盪產，以此來威脅股民將票投給執政黨。由以上分析，選前減少持股是一種比較好的方式。

　　選舉後到520就職前的選後行情，因為選舉的因素消失，政府護盤的動機也變少了，所以股市回歸基本面，景氣和國際局勢影響股市走向，投資人也不需要寄望有所謂的「520就職演說行情」了。

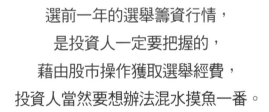

選前一年的選舉籌資行情，
是投資人一定要把握的，
藉由股市操作獲取選舉經費，
投資人當然要想辦法混水摸魚一番。

■ 附件：一年12個月的季節概念股

一月份行事曆

發酵概念股	理由
CES概念股	CES美國消費電子展（1/7-1/10）
汽車概念股	農曆春節前旺季
觀光概念股	尾牙、寒假、農曆春節
宅經濟	
尾牙年節概念股	
寒冬概念股	冬季
歐美暴風雪概念股	
電玩概念股	台北國際電玩展（1/23-1/27）
美國財報週概念股	美國公司公告財報

二月份行事曆

發酵概念股	理由
MWC概念股	世界行動通訊大會（MWC展）（2/24-2/27）
中國農曆長假	農曆春節、春酒
觀光業、春節旅遊旺季概念股	寒假
宅經濟概念股	
MSCI概念股	MSCI季度調整公告

三月份行事曆

發酵概念股	理由
CeBIT概念股	漢諾威電腦展（CeBIT）（3/10-3/14）
節能家電	台北國際綠色產品展（3/13-3/16）、台北數位電器大展（3/28-3/31）
高股息概念股	每年3、4月是宣布股利水準期間，Q3為除權息行情
節能概念股	台灣國際照明科技展（3/20-3/23）
營建業	營建業329檔推案檔期旺季
年報績優概念股	公告去年年報

四月份行事曆

發酵概念股	理由
高股息概念股	每年3、4月是宣布股利水準期間，Q3為除權息行情
照明、LED概念股	法蘭克福國際照明展（3/30-4/4）
工具機業概念股	漢諾威工業展（4/7-4/11）
汽機車、汽車零配件	台灣國際汽配、車電展（4/9-4/12）
3C概念股	2014台北春季電腦展（4/17-21）
電動車概念股	台灣國際電動車展（4/9-4/12）
董監改選概念股	董監改選概念股行情（加溫）、第一次停資停券（確定股東名冊）

五月份行事曆

發酵概念股	理由
百貨通路、飯店、餐飲概念股	母親節
中概股	大陸五一勞動節連假效應
董監改選概念股	6月為密集時間
Google概念股	Google I/O開發者大會
季報績優概念股	5月15日前公告第一季季報

六月份行事曆

發酵概念股	理由
電腦相關概念	台北國際電腦展COMPUTEX TAIPEI（6/3-6/7）
電玩概念股（SONY PS4、任天堂Wii U）	E3電玩展（6/10-6/12）
LED概念股	美國國際照明展（6/1-6/5）
太陽能概念股	慕尼黑太陽能展Inter Sola（6/4-6/6）
光電概念股（LED、FPD、3D、太陽能）	台北國際光電大展（6/17-6/19）
生技概念股	美國國際生技展（6/23-6/26）
醫美概念股	台北國際醫療展（6/19-6/22）
董監改選概念股	董監改選行情
Apple概念股	蘋果全球開發商大會（WWDC）
投信作帳概念股	半年作帳
	央行理監事會議

七月份行事曆

發酵概念股	理由
觀光業	暑假
宅經濟概念股	
汽車	鬼月前旺季
生技概念股	台灣生技大展（7/7-7/24）
消暑概念股	消暑概念議題
世足概念股	巴西世足賽（6/12-7/13）
節能家電	夏季省電家電
電腦相關概念	台北電腦應用展（7/31-8/4）
高股息概念股	除權息旺季

八月份行事曆

發酵概念股	理由
觀光業	暑假
宅經濟概念股	
消暑概念股	消暑概念議題
節能家電	夏季省電家電
電腦相關概念	返校需求
食品、百貨通路	中元普渡
績優股概念股	法說會高峰期
電子新產品概念股	國際電子大廠推新產品 供應鏈受惠
季報績優概念股	8月15日前公告第二季季報

九月份行事曆

發酵概念股	理由
營建業	928檔期推案旺季
英特爾概念股	2014英特爾IDF科技論壇
貨櫃航運	Q3旺季效應
3C概念股	柏林國際消費電子展（IFA）（9/5-9/10）
	台北3C大展（9/5-9/8）
通訊網路業	中國國際信息通信展覽會
遊戲產業	東京電玩展
太陽能概念股	歐洲太陽能展EU PVSEC
中秋節概念股	餐飲、糕餅
風災概念股	重建、防災
返校需求概念股	文具、電腦
季節性傳染病概念股	防疫、生技

十月份行事曆

發酵概念股	理由
中概股	大陸十一長假效應
通訊網路業	台灣國際寬頻通訊展（10/8-10/11）
物聯網概念股	台灣國際雲端科技與物聯網展（10/8-10/11）
雲端概念股	
環保回收概念股	台灣國際綠色產業展（10/8-10/11）
水資源概念股	
三能概念股	
百貨通路概念股	百貨公司周年慶

十一月份行事曆

發酵概念股	理由
散裝航運	Q4旺季效應
選舉概念股	2014年七合一選舉
感恩節概念股	感恩節旺季
集團作帳概念股	集團作帳增溫
新車概念股	新車發表展

十二月份行事曆

發酵概念股	理由
集團作帳概念股	季底年底作帳
汽車維修概念股	汽車零件、Q4旺季＋冬季碰撞效應
寒冬概念股	冬季、抗寒設備
聖誕節概念股	聖誕節旺季
投信年底作帳、結帳概念股	投信年底作帳、結帳

*以上行事曆內容由作者整理

1-5
財務報表選股

一、三大報表

財務分析是根據企業各種財務報告所提供的資料，對企業的財務狀況和經營成果作深入的了解。企業外如股東、銀行、供應商或政府主管機構等，股東或銀行對企業提供資金，供應商對企業給予賒帳，他們當然關心企業的財務狀況，希望知道企業的獲利能力或償債能力，以了解投資是否安全有利，貸款或帳款是否可以順利收回，同時據以決定是否繼續對該企業給予資金的支持；而政府主管機關或證券交易所等機構基於監督的立場，也必須對企業的財務情況保持了解。

財務報表分析是投資股票最基本的工作，初學證券投資的人在研究如何衡量股價以前，應先了解發行公司的財務報表。財務報表可以提供投資人該企業最詳細的報告，包括財務結構是否健全、管理經營績效的良窳、長短期償債能力的強弱、盈利情況等等。分析財務報表可作為投資的判斷。

1 損益表（Income Statement）

損益表是表達企業營運情況及損益情況的財務報表。投資人可以從損益表中了解公司的盈餘狀況。

1-1 營業毛利：損益表通常分成若干段落，首先是營業毛利，即銷貨收入減銷貨成本的餘額。其次是營業利益（或虧

損），為營業毛利減營業成本支出的差額。

1-2 稅前純益：稅前純益（或純損），為營業盈餘加（減）營業外收入（支出）所得的淨額。

1-3 稅後純益：為稅前純益減預估所得稅的餘額。

■ 表1-5-1　損益表

××股份有限公司				
損益表				
××年度				
				單位：新台幣元
銷貨收入總額				$202,000
銷貨退回				(800)
銷貨折讓				(1,200)
銷貨收入淨額				200,000
營業成本				150,000
營業毛利				50,000
營業費用				(30,000)
營業利益				20,000
營業外收入（費用）				
利息費用				(10,000)
兌換利益				2,000
其　他				(8,000)
				(16,000)
稅前利益				4,000
所得稅				1,000
純　　益				$3,000
每股盈餘				
按流通在外加權平均股數500股計算				$6.0

資料來源：作者整理

❷ 資產負債表（Balance Sheet）

資產負債表是一家公司在某特定日具有多少會計價值的快照，紀錄這個時點、時地狀態，好像該公司的價值暫時靜止似的。資產負債表有兩邊：左邊是資產，右邊是負債與股東權益。資產負債表顯示出公司擁有什麼，以及這些資產是由借或股東投資組成的情況。資產負債表在會計上的定義及表示法為：

$$資產＝負債＋股東權益$$

其中的等號表示在定義上，以上等式必須永遠成立。事實上，股東權益的定義乃是公司資產與負債間之差額。原則上，股東權益乃是在公司償還其債務後，股東享有的剩餘部分。

下表是一個典型的資產負債表科目，左邊資產的部分可大致分為：流動資產、投資、固定資產及無形資產（有時還加上其他資產）。

短期資金的提供者，如：銀行或供應商，對於流動資產的數額和品質特別關心，因為流動資產為企業流動資金的來源，它表示了企業短期內的流動性和償還能力。流動資產包括現金、應收帳款、應收票據、存貨、證券等。

■ 表1-5-2　資產負債表

資產	負債與權益
流動資產	流動負債
現金及有價證券	應付帳款
應付帳款	短期借款
存貨	其他流動負債
其他流動資產	長期負債
投資	其他非流動負債
財產、廠房與設備（固定資產）	股東權益
無形資產	特別股
	普通股
	保留盈餘
	庫藏股

資料來源：作者整理

3 現金流量表（Statement of Cash Flows）

除了前所提及的資產負債表及損益表外，尚有一份重要的正式會計報表，稱為現金流量表。現金流量表可用來解釋會計上現金的變動。

決定現金流量變動的第一步是找出營運活動現金流量，即由正常的製造、銷售商品與勞務的活動而來的現金流量。第二步則是對投資活動產生的現金流量加以調整；最後再對理財活動調整一次。理財活動就是在一年中付給債權人及業主或股東的淨支出。以下就來介紹這三個組成現金流量表的要素：

3-1 營運活動現金流量

我們從淨利開始計算營運活動現金流量。淨利可從損益表找到，有了淨利後，我們先將非現金的支出加回，並將除了現金外

的流動資產和流動負債的變動作適當的調整，即可得到營運活動現金流量。投資股票一定要看該公司的營運活動現金流量，如果長期都是負數，就表示該公司經營有問題，甚至可能是地雷股。

3-2 投資活動現金流量

企業購置或處分長期資產，及其他不屬於約當現金項目的投資活動所產生的現金流入或流出。

3-3 融資活動現金流量

融資活動包括從投資者，如：銀行及股東投入的現金，以及當企業把收入回饋投資者的現金流出，其他影響企業長期負債及股本的活動亦列為融資活動。

二、由營收找股價營收比低的股票

1 名詞解釋

觀察一家公司的最基本數字是每月營收，因為營收是本業獲利的基石，營收成長，本業獲利有可能上揚，營收衰退則本業獲利一定下滑。如有兩則新聞，第一則新聞是說，IC設計類股繼6月營收紛紛創歷史新高後，7、8月營運持續走高，營收可望續創新高，這表示該產業前景看佳，投資人可以逢低找一些質優的IC設計類股介入。第二則新聞表示，DRAM廠7月營收增加，僅南科衰退，這說明了南科營收表現落後整體DRAM產業，公司經營面遇到困難，投資人若持有南科要認真考慮是否繼續持股。

投資人在閱讀一家公司的營收時，有許多不一樣比較方式，可以和上個月相比，或是和去年同期相比，有時候用單月，有時候會用累積數字。例如上述新聞，南科（2408）受DRAM合約價

下滑等因素影響，7月營收50.98億元，月減2.5%，但比去年同期成長55%，1到7月累計營收為349.35億元，年成長99%。南科7月營收50.98億元，比6月減少2.5%，但比去年7月成長55%，到底要看哪一個才對呢？如果該公司季節性因素很大，也就是淡旺季差異很多，就和去年同期相比；如果淡旺季差異不大，則兩者都要考量。

　　一家公司的營運績效，首先表現在本業的營收項目。當營收持續成長時，則表示公司的規模處於擴張期，投資這種公司通常會較具獲利潛力；當營收持續衰退，則表示公司可能面臨產業景氣下滑或是公司競爭力出問題。投資人可留意營收創新高的公司，以此為指標是尋找好投資標的的重要方法。

　　每股營收代表每一單位資本可以作多少生意，當公司每股營收高，表示公司資金運用有達規模經濟，也較有機會擁有較好的每股獲利。數學公式是：

$$每股營收 = 全年營業收入 ÷ 流通股數$$

　　這個數字是衡量一家公司最基本的標準，這個標準可以看出個股獲利的潛在爆發力。

　　有些產業是有淡季和旺季的區別，當淡季時營收下滑，當旺季來臨時營收成長，例如，線上遊戲產業的旺季在暑假，紡織業的旺季在冬天，百貨業的旺季在第四季和農曆年，這些都是投資人在投資一家公司時要了解的。

　　從年營收的歷史資料可看出一家公司目前的現況，如果一家公司每年的營收每年增加，而且每股營收數字愈來愈好，表示這家公司業績成長的速度比股本累積的速度快，這種公司還處在成

長期，相反的，如果一家公司每年的營收愈來愈少，表示業績跟不上來，那代表這家公司不值得投資。

■圖1-5-1　至興（4535）年營收逐年成長

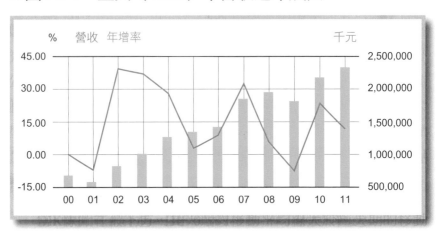

資料來源：嘉實資訊

2 投資策略

上市櫃公司每月10日之前，都需要公告上個月的營收，投資人如果要買進一家公司的股票，就要每個月追蹤這家公司的營收，當營收位於成長階段，可以持續抱股，當營收非因淡季因素而衰退時，就要認真考慮是否賣股。

每股營收到底多少才是好公司，每股營收這個數字，是營業收入除以股本，股本及營收資料都很容易取得，在選股時是一個很有用的標的，在同一產業中挑選個股時，每股營收是一個蠻有用的衡量標準。這樣的做法是可以挑到好公司，但不一定可以挑到好標的，因為當好公司股價漲高了，往上空間不大，買進後報

酬率不高，甚至股價因利多出盡而下跌。

　　因此建議投資人用「股價營收比」來操作比較有效率，也就是將股價除以每一個月的月營收，然後看看過去的歷史資料落在哪一區間，如果偏低就買進，如果偏高就賣出。下圖為東貝（2499）的「股價營收比歷史資料圖」，由資料得知，「股價營收比」在1.5倍和3倍之間為合理價位，接近1.5倍可買進，3倍以上就賣出。

■ 圖1-5-2　　東貝（2499）股價營收歷史走勢圖

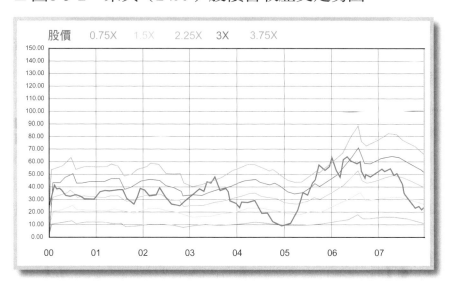

資料來源：嘉實資訊

三、由獲利EPS找本益比P/E低的股票

1 名詞解釋

證管會規定上市櫃公司，每一季結束後45日內要公告該季度的財務報表，包含合併財務報表和個別公司的財務報表，其中投資人會特別關注損益表。因為損益表是表達企業營運情況及損益情況的財務報表。投資人可以從損益表中，了解公司的盈餘狀況。大部分的公司每季公告，但有些公司規範每一個月都公告獲利狀況，例如：金融類股、中鋼集團等公司。

損益表通常分成若干段落，首先是營業毛利，也就是銷貨收入減去銷貨成本的餘額。其次營業利益（或虧損），為營業毛利減營業成本支出的差額。再其次是稅前純益（或純損），為營業利益加（減）營業外收入（支出）所得的淨額。最後是稅後純益，為稅前純益減預估所得稅的餘額。由於每家公司資本額不同，因此會將稅後純益除以在外流通股本，得到最重要的每股盈餘。

營業外收入及營業外支山，是指從事非經常性業務所發生的收支或意外損失，前者如有價證券的股利或利息，後者如火災風災帶來的損失；存款利息收入及借款利息費用亦屬於營業外收支。

營業毛利為企業一般開支及盈餘的最大來源，自有列明的必要，至於將營業外收支與營業收支區分的作用，主要係便於閱讀報表者預測未來，因為前者既是非經常性業務所發生，其金額多寡不會有規律；但後者通常有一定的趨勢，可據以推斷將來的情況。

投資人會用每股稅後純益來衡量股價是否合理，還有沒有上

漲空間。這個指標就叫作本益比，股價除以每股稅後純益等於本
益比，他是衡量股價最重要的參考數據。當公司本益比低於過去
的水準，表示股票有上漲潛力，當公司本益比高於過去的水準，
表示股票漲幅過大，股價有下修的疑慮。

損益表

營業收入
－營業成本

營業毛利
－營業費用

營業利益（損失）
＋營業外收支

稅前淨利
－所得稅

本期稅後淨利
（每股盈餘）

2 投資策略

金管會規定上市櫃公司，每一季結束後的45天之內，必須公
告上一季的財報，也就是5月15日前公告第一季財報、8月15日前
公告第二季財報依此類推。在正常情況下，當公司發表公司獲利
表現亮眼，股價通常會正面反應；相反的，當公司發表公司獲利
表現衰退，股價通常會以下跌作收。

因為財報是公司編製，經會計師查核，在作業上都有其流
程，因此在公告前，內部人或是相關人員就大概知道約略的數

字，股價或多或少就會事先反映了。法人機構、基金經理人、或是研究員，也知道這種情形，因此在公司公告財報之前，會勤於拜訪公司，希望早點得到訊息，投資人看到報紙的公告，其實已經是三流的消息了。

　　因此在投資策略上，要加以修正。當公司發表公司獲利表現亮眼，如果過去一段時間，股價漲幅已大，千萬不能追高，因為先前得到消息的投資人早就卡位進場，正趁著利多出貨，特別是當股價漲不上去，更要小心。相反的，當公司發表公司獲利表現衰退，股價通常會以下跌作收，此時，投資人要耐心等待股價修正到一定價位，等到所有利空都出盡了，股價跌不下去了，公司經營績效改善後，才可慢慢布局。

　　投資人也可運用公告的財報來預估公司整年度的獲利，看股價是否合理，如果有上漲的空間就可買進。例如第一季公告每股獲利為1.5元，投資人可以乘以4，之後再打個九折，來預估全年獲利約5.4元（＝1.5 × 4 × 0.9），雖然不會很準確，但總是有個依據。此時投資人就可以和股價作比較，求出本益比（股價÷預估全年獲利），再跟過去該股票的「歷史本益比」比較，如果偏低則可買進，如果偏高則要賣出。

■ 圖1-5-3　個股本益比歷史走勢圖

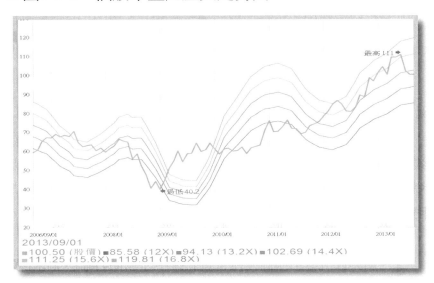

資料來源：嘉實資訊

四、由淨值找股價淨值比低的股票

⒈名詞解釋

　　淨值又稱資產淨值，在會計上指公司償還所有負債後股東擁有的資產價值，也就是總資產減去總負債，資產淨值的表示有總數法和股份法。例如：某公司的總資產淨值15億就是總數法，但因為每家公司的資本額不同，在比較上會有困難，因此會考慮股本，市場上會以每股淨值為衡量指標，例如：每股資產淨值為15元，即每股能分到15元的資產，就是股份法。

　　投資人投資在資本市場，他的成本是股價，所以會以每股股價和每股淨值作比較，來衡量股價目前是偏高或是過低，股價淨值比（Price-Book Ratio，簡稱 P/B、PBR）是最常用的指標。

$$股價淨值比(簡稱P/B、PBR)＝每股市價÷每股淨值$$

$$每股淨值＝淨值÷普通股股本$$

　　某家公司在某一時間點，其股價為30元，每股淨值為15元，他的股價淨值比是2（＝30÷15），又例如某家公司在某一時間點，其股價為20元，每股淨值為30元，他的股價淨值比是0.66（＝20÷30）。當股價高於每股淨值時，比值大於1，當股價低於每股淨值時，比值小於1。

　　淨值表現在資產負債表，所謂資產負債表是一家公司在某特定日具有多少會計價值，紀錄這個時點時的狀態好像該公司的價值暫時靜止似的。資產負債表有兩邊：左邊是資產（Asset），右邊是負債（Liability）與股東權益。資產負債表顯示出公司擁有什麼，以及這些資產是由借或股東投資組成的情況。資產負債表在會計上的定義及表示法為：

$$資產＝負債＋股東權益$$

　　其中的等號表示在定義上，上述等式必須永遠成立。事實上，股東權益的定義乃是公司資產與負債間之差額。原則上，股東權益乃是在公司償還其債務後，股東享有的剩餘部分。

2 投資策略

　　股價淨值比通常是用來評估一家公司市價和其帳面價值的差異。當投資者在股價淨值比低於1時買進股票，代表是以公司價值打折的情況下投資，價格是相對便宜，例如某家公司在某一時間點，其股價為30元，每股淨值為40元，他的股價淨值比是

0.75（＝30÷40），此時股價低於每股淨值時，比值小於1。當投資者在股價淨值比大於1時買進股票，代表是以公司價值在溢價的情況下投資，價格是相對貴。例如：某家公司在某一時間點，股價為60元，每股淨值為40元，他的股價淨值比是1.5（＝60÷40），股價高於每股淨值時，比值大於1。

反過來想，為什麼投資人願意用比淨值高的價位買進股票呢？就是表示投資人看好這一檔股票未來的前景，例如：台積電、台塑、鴻海等公司，他的股價淨值比一直都大於1。為什麼投資人只願意用比淨值低的價位買進股票呢？就是表示投資人不看好這一檔股票，只願意低價買進，例如：有些長年虧損的公司，投資人不看好他的前景，股價都一直是低於淨值。

所以投資人在運用「股價淨值比」這個指標，首先要瞭解這家公司過去合理的股價淨值比區間，過去歷史股價最高價的股價淨值比是多少，股價最低價時的股價淨值比是多少？然後看看目前的股價淨值比，如果偏低就可以買進，如果偏高就必須賣出。

圖1-5-4為遠東百貨的歷史股價淨值比，合理的是數值是1.5倍，如果超過2.0倍表示股價過高，就要賣出股票；如果低於1.0倍表示股價過低，就要買進股票。由於公司每一季會公告淨值一次，股價淨值比也會跟著調整。

■ 圖1-5-4　遠東百貨股價淨值比歷史走勢圖

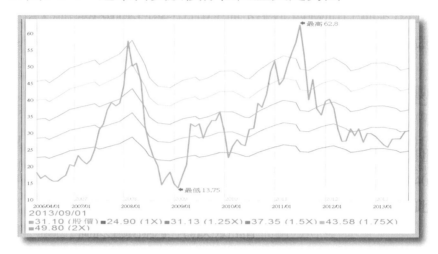

資料來源：嘉實資訊

五、由股息分配找股息殖利率高的股票

1 名詞解釋

公司當年度經營若有獲利，到了隔年度都會分配紅利給股東，分配的方式有配股和配息兩種，所謂配股就是分配股票，所謂配息就是分配現金。董事會拍板股利政策後，雖然最後到底會配發多少股利，還必須等到股東常會通過全體票決後才能最後確定，但通常股利政策變動的機率低，且通常只會往上調，而不會低於董事會擬定的股利案。

所謂配股，也就是配發股票股利以「元」為單位，一張股票共1000股，每股票面價值10元。如果配發股票股利1.5元，表示發放股票股利150股（＝1.5 元 ÷ 10元× 1000股）。所謂配息所指的是配發現金股利，同樣的以上面的範例來說，配息3元，代

表每股可以配發3元的股利，也就是每張股票可以有3,000元的現金股利（＝3.0元×1000股）。

因為公司配發紅利給股東，在配息日當天要進行除權、除息，簡單的說，因應發放股票股利而向下調整股價就是「除權」，因應發放現金股利而向下調整股價就是「除息」。例如：除權前一日股價收盤80元，當年度配發5元現金股利，除息基準日當天開盤參考價會是75元（＝80－5）。當除權除息之後，股價漲回原本除權息前的股價，就稱之為「填權」、「填息」，如果開始下跌，低於原本除權息前的股價，那就稱之為「貼權」、「貼息」。

股息殖利率是用來衡量你可以從投資股票上每股取回多少利現金的指標。其計算公式如下：

股息殖利率＝每股現金股利 ÷ 當日每股收盤價

高股息殖利率股票具有跟漲、抗跌的特性，被專業投資法人視為股價具有下檔保護的功能，是相對穩健的投資標的。公司每年配股配息穩定的股票，就股息殖利率的觀點，是可以長期投資，公用事業概念股如：電信類股的中華電信、台灣大哥大，瓦斯類股的大台北、欣中等皆是。

② 投資策略

投資高股息殖利率股票的策略有三種，第一種是短線操作，第二種長期持有，第三種是空頭市場的避險操作。

投資人若想賺取高股息股行情，可以短線投機，就是在除權息前搶進，賺短線的價差與填權或填息行情，因為當公司發表高

配股配息時，就是表示公司經營績效不錯，會吸引投資客和想參與配息的投資人進場，公司大股東也樂得股價上漲後，處分一些股票，免得股利的收入過多，多繳交所得稅。此時整個市場氛圍是偏多行情，如果加上公司也發表未來營運看好的訊息，股價就有上漲的理由和空間。

投資人要短線操作，還要考慮整體景氣環境，依過去經驗，當除權除息之後，如果景氣表現不錯，大盤位於多頭市場，股價就會漲回原本除權息前的股價，完成填權、填息行情，此時投資人就有利可圖；如果景氣表現不好，大盤位於空頭市場，當除權除息基準日後，股價開始下跌，市價一直低於原本除權息前的股價，就是貼權、貼息走勢，此時投資人就會「賺了股息、賠了差價」。

另一種是長期持有績優股，每年4、5月財報公布時，也是各家公司召開董事會決定股利政策的時候，投資人可找一些高股息殖利率的股票作為長期投資的標的，所謂長期持有「高股息殖利率的股票」。但要注意下列兩個重點，第一點必須該股票每年穩定配息，不能今年配很多，過去幾年配很少，因此投資人要去調出過去的配股資料，加以分析。另外買進時點也是很重要，買進價位低，股息殖利率就高，買進價位高，股息殖利率就低，市場上估算股息殖利率7%以上就算是「高股息殖利率的股票」。

第二點是稅負的問題，挑高股息股，還要配合參考該檔股票的「可扣抵稅額比率」。因為拿到股息就會有稅的問題；買進可扣抵稅額比率高於自己所得申報稅率的股票，可以享受退稅，也就是政府會把重複課稅的部分還給你。此外，健保的補充費用也可以由股利所得中扣除，這些都要加以精算。F類的公司因為是海

外公司，只要個人的海外所得沒有超過最低免稅額就無需課稅。

最後是當空頭市場來臨時，因為景氣下滑，大盤發生系統風險，此時無論是績優股或是業績表現不佳的股票，股價都會下跌，投資人當然可以選擇賣股求現離開市場，但是有些法人如：基金公司、壽險公司仍然必須有持股，這些資金通常會轉入具高殖利率的大型股，或是各次族群的指標股，這些個股通常具有獲利佳、資本支出不高的特性，所以能發放較高的現金股利。也就是說，具備高股息殖利率及業績成長題材的個股，股價應較具成長動力，當大盤陷入震盪整理或下跌格局，業績支撐加上高現金股息殖利率題材的個股，可望吸引保守資金進駐，不失為安全的投資標的，所以這一類股票的跌幅就會小於大盤跌幅。

■ 表1-5-3　茂順（9942）每年穩定配息，
　　　　　　是標準的「高股息殖利率的股票」

股利分派					
年度	現金股利	股票股利		合計	扣抵率%	員工配股率%
		盈餘	公積			
2012	3.20	0	0	3.20	11.70	0
2011	3.20	0	0	3.20	11.65	0
2010	3.20	0	0	3.20	10.48	0
2009	2.80	0	0	2.80	16.35	0
2008	2.80	0	0	2.80	16.55	0
2007	2.78	0	0	2.78	20.99	0
2006	2.20	0.50	0	2.70	11.64	0.44
2005	2.00	0.50	0	2.50	24.10	0.28
2004	1.97	0.49	0	2.47	14.33	0.43
2003	1.50	1.00	0	2.50	23.42	0.80

資料來源：嘉實資訊

六、投資實例

　　我們以2013年12月份的聯發科（2498）為例子，由財務報表中來評估，該股票是否可以納入選股標的。由聯發科的月營收表，可以得知他的月營收皆比去年同期成長；由聯發科的季營運分析表，可以知道2013年第一季開始，每季的EPS都有成長，毛利也逐季上揚；聯發科每年股利分派，都很穩定。由上述三個財務報表來分析，聯發科確實是好公司。

　　接著我們來衡量，聯發科股價是否太高，有沒有值得投資的空間，由「聯發科本益比歷史走勢圖」和「聯發科股價淨值比歷史走勢圖」來分析，無論是本益比或是股價淨值比皆在低緣區，顯示股價仍有想像空間，值得投資。

■ 表1-5-4　聯發科 月營收表

單位:千元

財報截止年/月	營業收入	月增率%	去年值	年增率%	累計營收	年增率%
102/12	13,088,021	2.07%	7,582,668	72.60%	136,055,954	37.07%
102/11	12,822,202	-7.67%	8,653,980	48.17%	122,967,933	34.13%
102/10	13,887,691	6.49%	10,498,124	32.29%	110,145,731	32.67%
102/09	13,041,509	2.30%	11,007,703	18.48%	96,258,040	32.72%
102/08	12,747,998	-3.56%	9,217,155	38.31%	83,216,531	35.27%
102/07	13,218,257	35.25%	9,246,070	42.96%	70,468,533	34.74%
102/06	9,772,993	-10.59%	7,845,260	24.57%	57,250,276	32.97%
102/05	10,931,095	-13.05%	7,652,735	42.84%	47,477,283	34.84%
102/04	12,571,855	33.32%	7,942,908	58.28%	36,546,188	32.62%
102/03	9,429,723	54.79%	8,227,923	14.61%	23,974,333	22.22%
102/02	6,092,037	-27.93%	6,229,652	-2.21%	14,544,610	27.73%
102/01	8,452,573	11.47%	5,157,714	63.88%	8,452,573	63.88%

資料來源：嘉實資訊

■ 表1-5-5 聯發科 季營運分析表

分析項目	2013.Q3	2013.Q2	2013.Q1	2012.Q4	2012.Q3
流動比率(%)	281.1	248.2	351.2	359.2	319.5
速動比率(%)	255.7	228.9	314.7	317	286.7
平均收帳日數	24.7	26.7	25.1	40.1	43.6
平均存貨週轉日數	66.2	68.2	86.6	71.9	61.1
毛利率(%)	43.23	42.75	42.09	41.37	41.31
營益率(%)	17.5	15.68	12.88	12.6	12.35
盈利率(%)	22.42	26.16	29.16	15.76	14.86
每股盈餘(EPS)(元)	14.08	7.8	2.79	12.9	9.2
資產報酬率(%)	9.06	6.31	3.18	7.44	5.1
淨值報酬率(%)	11.66	8.4	3.83	8.9	6.23
負債比率(%)	22.3	24.9	16.9	16.4	18.2
利息保障倍數	258.8	304.1	452.9	152.8	139.3

資料來源:嘉實資訊

■ 表1-5-6 聯發科 年股利分派表

股利分派					
年度	現金股利	股票股利		合計	扣抵率%	員工配股率%
		盈餘	公積			
2012	9.00	0	0	9.00	2.82	0
2011	9.00	0	0	9.00	2.56	0
2010	20.00	0	0	20.00	2.66	0
2009	26.00	0.02	0	26.02	3.26	0.69
2008	14.00	0.02	0	14.02	4.86	1.38
2007	19.00	0.10	0	19.10	5.08	2.10
2006	15.00	0.50	0	15.50	2.13	2.14
2005	11.00	1.00	0	12.00	2.16	2.07
2004	10.00	1.00	0	11.00	3.06	2.31
2003	8.55	1.81	0	10.36	3.08	2.47

資料來源:嘉實資訊

■ 圖1-5-5　聯發科本益比歷史走勢圖

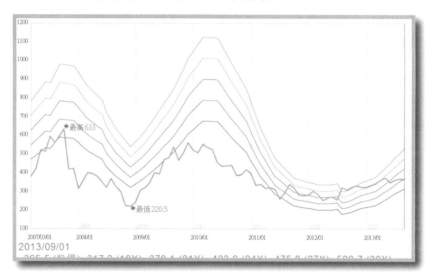

資料來源：嘉實資訊

■ 圖1-5-6　聯發科股價淨值比歷史走勢圖

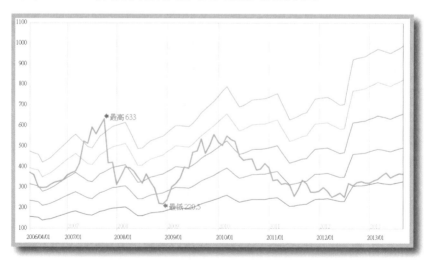

資料來源：嘉實資訊

1-6
股價走勢選股

一、熟悉股價上漲三波段

股價上漲與下跌都屬正常現象。股價漲高了就會下跌，跌深了就會反彈，就好像一年四季春、夏、秋、冬一樣正常。冬天過了，春天就會來，股價超跌，就會醞釀反彈契機；秋天過了，冬天就會來；股價超漲後，就會回跌。所謂股市中有「物極必反」的原理，當市場一片看好，股價就準備反轉向下；當市場一片悲觀，股價就會築底，準備回升。

一般投資人習慣性的做多股票，當股價上漲視為理所當然，當股價下跌就怨聲載道，希望政府護盤，其實這都是不理智的行為。投資股票要順勢而為，多頭市場進場買進股票，空頭市場融券放空股票或離開市場，保有現金。至於如何判定空頭或多頭市場呢？只要你發現「怎麼買怎麼對，怎麼賣怎麼錯，賣了就漲」，那就是多頭，此時要增加股市投資比重；相反的，如果你發現「怎麼買怎麼錯，怎麼賣怎麼對，買了就跌」，那就是空頭，此時要謹慎應對，減少手中持股。

股價上漲過程中，可分為初升段、主升段和末升段；下跌過程中也可分為初跌段、主跌段。由於上漲過程中是大漲小回，股價一路墊高，因此上漲行情的時間比較久；下跌過程中由於是恐慌性賣壓，股價一路下挫，因此下跌行情的時間比較短。一般而

言，上漲時間若花2/3，下跌時間就是1/3；也有可能是3/4上漲，1/4下跌，上漲行情與下跌行情都有它的特色，分別敘述如下：

1 初升段行情

　　股市經過空頭的洗禮，一大堆利空打擊，股價打到最低點，甚至行情超跌。此時人氣退場，股市成交量萎縮。若景氣不再惡化，央行資金寬鬆政策發揮效果，股價開始慢慢回升，這就是股市的初升段。股市初升段的特色是，所有的股票呈現出跌深反彈的現象，無論有沒有基本面、或業績的支撐，股價有好消息就上漲，遇到壞消息就跌不下去。雖然景氣沒有上來，但股價已經提前反應，行情就在迷迷糊糊中上漲。關注基本面的人是不會進場，而散戶經過前一波的大跌，驚魂未定，也不會進場。

　　初升段行情就像是魚頭行情，股價剛經歷過最低點，準備往上走。不是所有投資人都敢在初升段進場，唯有「先知先覺」的投資人敢在此時買進。初升段又稱為「資金行情」，股價之所以上漲，不是基本面慢慢轉佳，而是政府的貨幣寬鬆政策所引發的資金氾濫，沒有地方去化，只好往股市跑，最後造成股價上漲，市場常解讀為「無基之彈」。要投資人在初升段就進場買股，需要相當大的勇氣，若投資人判定「景氣不再惡化、或惡化的程度趨緩、或利空來襲股價不跌」等現象，就有可能是進入初升段。

2 主升段行情

　　股市歷經初升段行情後，接著就是進入主升段行情。此時成交量漸次放大，資金回流股市明顯，貨幣供給額M1b快速增加，景氣開始回溫。景氣對策訊號燈脫離最糟的藍燈，往黃藍燈上揚。在企業公布的營收與獲利數字，開始表現出成長的態勢，關

注基本分析的投資人開始把資金往股市中移動。在主升段行情中，不是所有的股票都會漲，是有業績題材、有企業展望和有利多新聞的個股，才有上漲空間，其它的股票只會隨大盤回升而小漲，甚至不漲。例如，1980年代漲勢最兇的是金融類股；1990年代電子類股飆漲，但是金融股卻沒有表現；2000年原物料股漲勢最凌厲，這就是當時的主流股。2009年電子書類股、LED類股股價由低點漲起，也都有4～5倍的漲幅，傲居股市之冠，這就是主流股在主升段的表現。

主升段又稱為「魚肚行情」，是整個上升行情最甜美的時刻，只要有膽識進場買進，就是大賺和小賺之分。2002年到2008年的行情中，2004～2006年就是屬於主升段行情，主升段行情是資金與景氣共同構築的賺錢行情，是「後知後覺」的人進場的行情。這一階段股市呈現大漲小回的走勢，投資人隨便買隨便賺。當投資人獲利了結，賣掉股票後又漲上來，結果覺得賣太早，又去追股票，整個市場沉醉在賺錢的喜悅中。主升段在整個上升行情中，通常時間最長，上漲幅度最大，並且呈現緩步上漲格局。雖然投資人樂觀看待行情，但市場仍有少數看壞行情的雜音，整個行情在驚驚漲的過程中，投資人或多或少都有獲利。由於景氣開始復甦，政府也開始執行「退市政策」，也就是把先前貨幣寬鬆政策所放出去的資金收回。退市政策開始啟動，確實讓股票市場感到不安，股價會稍微回檔休息，但是當投資人確定景氣進入

主升段是整個上升行情最甜美的時刻，
只要有膽識進場買進，就是大賺和小賺之分。

擴張期，「景氣行情」很快的就取代了初升段的「資金行情」，股價也開始一路攀高，見回不回。

3 末升段行情

　　股市在走完主升段行情後，接下來就進入末升段行情，此時成交量放大、速度加快。以台股而論，每天成交量都超過2,000億，貨幣供給額M1b往上飆升，款券劃撥帳戶的餘額也不斷增加，投資人把定存解約後的資金往股市送。景氣對策訊號燈來到黃紅燈，企業的營收與獲利創歷年新高，公司大方的辦理員工分紅，並大手筆的舉辦年終尾牙，整個市場一片樂觀的預期未來的行情。在末升段行情中，也不是所有的股票都會漲，而是主升段沒有上漲的股票在漲，我們稱為「補漲行情」。這是因為主升段時績優股漲翻天，股價太高，投資人居高思危，開始尋找基期低且沒有上漲的股票，例如2009年的行情中，股價由6000點直攻8000點，最後一波行情是由一直沒有表現的被動元件族群擔綱。

　　末升段行情又稱為「魚尾行情」，是整段行情中最危險的時候，雖然末段行情噴出，成交量暴增，市場一片樂觀，但是到最後發現利多不漲的情形愈來愈多。行情總是在一片樂觀中結束，就是這個道理。這一波行情幾乎是全民運動，從來不投資股票的

末升段行情又稱為「魚尾行情」，是
整段行情中最危險的時候，雖然末段行情噴出，
成交量暴增，市場一片樂觀，
但是到最後發現利多不漲的情形愈來愈多。

人都進場買股,而能賺到錢。這一種連「不知不覺」的人都希望靠股票致富,其實是相當危險的事,聰明的人會在此時離開股市,但股市新手仍勇往直前,最後行情一旦反轉,新手措手不及,結果都被套在高檔。股市有句名言:「新手套在山頂」,指的就是這種情形,所以末升段又稱「邪惡的第五波」。面對末升段行情,投資人要有居高思危的想法。魚尾巴肉少刺多,稍有不慎就會慘遭套牢,因此逢高宜減碼,千萬不可見獵心喜,大筆押注,反而要有捨得的心態面對行情。畢竟股價漲到這裡,風險已經大於報酬。能在此反向操作賣出持股的,才是股市贏家。

■ 圖1-6-1　股票上漲過程示意圖

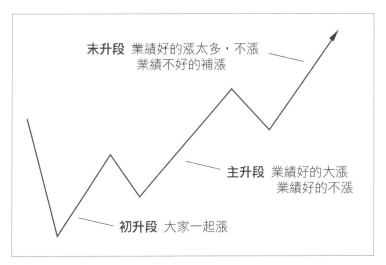

資料來源:作者整理

■ 圖1-6-2　上漲過程 大盤和強勢股比較

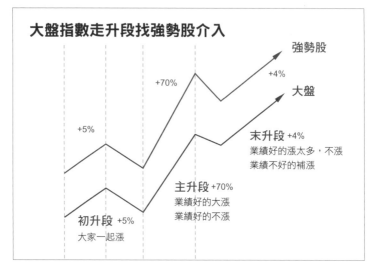

資料來源：作者整理

■ 圖1-6-3　上漲過程 大盤和強勢股比較實例

資料來源：嘉實資訊

二、熟悉股價下跌二波段

1 初跌段行情

當上升行情結束，接下來就是下跌行情，由於大部分的人都在一片樂觀的氣氛中，並不覺得空頭市場的熊市行情已經到來。最後一批熱情的散戶紛紛把手中的資金往股票市場堆，成交量不斷的創歷史新高，景氣與企業營收也很熱烈的捧場，開出非常優異的成績。此時市場開始出現利多消息、股價不漲的怪現象，並宣稱「大跌大買，小跌小買」的最佳投資策略。

股價在做頭反轉向下時，行情有如霧裡看花，個股輪動速度加快，沒有主流類股；投資人抓不到方向，買了股票後也不容易賺到錢，即使賺錢也賺得很辛苦；聰明的老手已經開始離場，把股票丟給散戶新手，就在此時，一個利空消息開始引發投資人恐慌，所有股票無論業績好壞，一起帶量下跌。

雖然景氣表現仍然很好，甚至景氣對策訊號燈出現難得一見的紅燈，但是資金開始退潮，政府出面「口水護盤」，宣稱只是股民的信心問題，基本面仍佳。市場也是多空論戰，有人仍然看好，有人開始悲觀，投資人開始感覺到「怎麼買，怎麼套牢；怎麼賣，怎麼對。」

2 主跌段行情

初跌段行情結束後，股價開始出現盤整或反彈，先前安全離場的股市老手見機不可失，紛紛進場搶便宜。沒想到此時景氣開始出現衰退訊號，企業獲利也紛紛下滑，股價又開始像溜滑梯一樣直線下跌。市場上有一句話說：「新手套山頂，老手套半山

腰」就是此情形。由於老手、新手和散戶都套牢。當行情不好的情形下，財富開始縮水，恐慌性的賣壓一擁而上。這些先前看多'、看好股市的投資人殺出手中持股，我們稱為「多殺多行情」。此時只要出現利空，股價就急挫，利多也無法挽回投資人的信心，資金快速抽離股市，貨幣供給額M1b也快速下滑。

就算是政府信心喊話，四大基金和國安基金進場護盤，也只能稍稍穩住行情，無法提升買氣。先前用融資買進股票的投資人，開始面臨融資追繳的命運，整個市場風聲鶴唳。由於是景氣面出問題，業績不好的公司，其股價下跌慘烈，跌幅甚至高達七成；業績好的公司，勉強小幅下跌。政府見事態嚴重，也開始推出各種救市方案，如降低利率、對企業紓困、提振內需等政策，但這些政策短期內也無法讓股市止跌。

■ 圖1-6-4 股票下跌過程示意圖

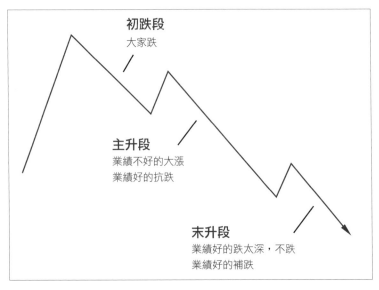

資料來源：作者整理

■ 圖1-6-5　下跌過程 大盤和弱勢股比較

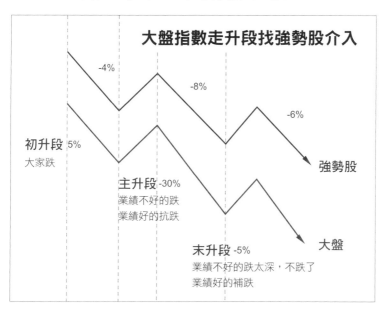

大盤指數走升段找強勢股介入

-4%

-8%

-6%

初升段 5%
大家跌

主升段 -30%
業績不好的跌
業績好的抗跌

強勢股

末升段 -5%
業績不好的跌太深，不跌了
業績好的補跌

大盤

資料來源：作者整理

三、投資實例－由股價走勢選股

　　對很多投資人而言，很難由產業面、趨勢面或是財務面挑到好股票，其實還有另一種方式也可找到績優股，那就是比較股價走勢的強弱。通常好的公司或是趨勢向上的產業，會得到投資人的認同，資金往這類型的公司靠攏，自然形成價漲量增的格局。

　　所以投資人可以將股價走勢、類股指數和大盤指數做比較，挑出主流類股或是強勢股。

1 類股指數漲幅大於大盤指數漲幅

當類股指數漲幅大於大盤指數漲幅，表示這一類產業是主流產業，在市場上得到認同，在人氣匯集之下，類股指數走勢優於大盤走勢。股市投資「漲時重勢，跌時重質」，所以在大盤漲勢的格局下要追逐強勢產業。我們以下圖為例，2013年12月21日到2014年2月13日，大盤指數由8093漲到8668點，漲幅7.1%；LED產業指數由149.16點漲到207.95點，漲幅39.41%，由指數漲幅來比較，可見LED產業是當時的主流產業。

■ 圖1-6-6　大盤指數和LED類股指數比較

資料來源：嘉實資訊

2 個股股價漲幅大於類股指數漲幅

在同一產業中有些公司位處於上游原料，有些是中游加工，有些是下游成品，即是同一產業位子，有些是一線廠商，有些是二、三線廠商，投資人可以比較各公司走勢和類股指數，找出該產業的強勢股。下圖是2013年11月22日到2013年12月30日，LED產業指數由149.16點漲到185.38點，漲幅24%；LED封裝廠億光（2393）股價由53.88元漲到70.22元，漲幅30%，可見億光當時是LED類股的強勢股，而且他的起漲時間比LED類股起漲時間早，由此可知該股是引領該產業上漲的領漲股。

■ 圖1-6-7 LED類股指數和億光股價走勢比較

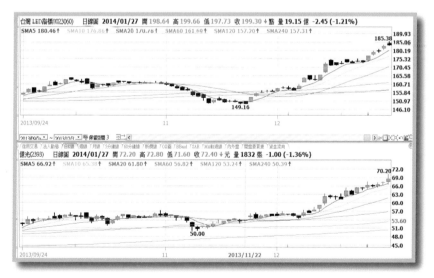

資料來源：嘉實資訊

3 個股股價漲幅大於大盤指數漲幅

　　有時候單一公司有特殊利多或是搭上特定題材，股價優於大盤表現，會成為主流股。投資人可以觀察，當一檔股票的股價漲幅大於大盤指數漲幅時，要去追蹤它的消息面或基本面是否有重大利多，使技術面或籌碼面出現強烈買進訊號，如果上述結果是肯定的，就可以大膽加碼。

　　我們以下圖為例，2014年1月7日到2014年1月17日，大盤指數由8515漲到8598點，漲幅0.09%；健和興（3003）股價由32.92元漲到40.30元，漲幅22%，健和興的漲幅大於大盤漲幅，投資人如果去追蹤新聞，可以知道該公司切入汽車端子事業有大幅度的成長，吸引長線投資客進駐。另外由下圖得知，立隆電（2472）的股價表現優於大盤，為當時主流股。

■ 圖1-6-8　　大盤指數和健和興（3003）股價走勢比較

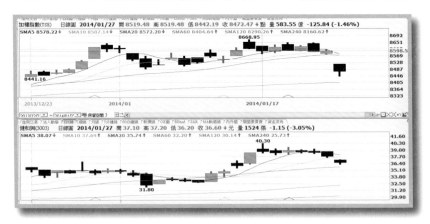

資料來源：嘉實資訊

■ 圖1-6-9　大盤指數和立隆電（2472）股價走勢比較

資料來源：嘉實資訊

如何用**技術面**
決定買賣點

2-0
技術分析掌握個股買賣點總表

主指標	細指標	買點	賣點	備註	參考資訊
K線	長紅／長黑棒	☐長紅棒 待量突破壓力	☐長黑棒、爆量	長紅棒、爆量三日不創新高離場	http://tw.stock. yahoo.com/q/ta?s= 2330&tech_submit= %ACd+ %B8%DF
	上下引線	☐下引線	☐上引線		
成交量	爆量	☐低檔 爆量	☐高檔 爆量		
	量縮	☐低檔 量縮			
	背離	☐股價創新低、成交量沒創新低	☐股價創新高、成交量沒創新高		
圖形	反轉圖形	☐W型、頭肩底、多重底、潛伏底、弧形底、V型	☐M型、頭肩頂、多重頂、弧形頂、倒V型		
	連續型	☐下降旗型	☐上升旗型		
	待確定圖形	☐三角形收斂、量增	☐三角形收斂、量縮		
移動平均線	趨勢	☐K線在上方 ☐短天期線在上方 ☐長天期線在下方 ☐股價一波一波高 ☐價漲量增、價跌量縮	☐K線在下方 ☐短天期線在下方 ☐長天現在上方 ☐股價一波一波低 ☐價漲量縮、價跌量增		http://www.cnyes. com/twstock/flashchart/2330. htm
	反轉	☐移動平均線上揚 ☐日K線突破MA20 ☐MA20上揚－短多 ☐MA120上揚－長多	☐移動平均線下彎 ☐日K線跌破MA20 ☐MA20下彎－短空 ☐MA120下彎－長空	計算扣抵周K線搭配13周	
	交叉	☐黃金交叉： 1短天期線突破長天期線 2上揚、多線糾結／上揚 3帶量	☐死亡交叉： 1短天期線跌破長天期線 2下彎、多線糾結／下彎 3量縮		

主指標	細指標	買點	賣點	備註	參考資訊
葛蘭碧八法	轉折點	□1	□5	MACD輔助	
	連續點	□2、3	□6、7	KD輔助	
KD	50以上下	□50以上	□50以下	中線指標	http://www.cnyes.com/twstock/Technical/2330.htm
	交叉	□KD交叉向上	□KD交叉向下		
	鈍化	□高檔 鈍化	□低檔 鈍化		
	背離	□股價創新低、KD沒創新低	□股價創新高、KD沒創新高		
MACD	MACD+DIF	□MACD+DIF交叉向上	□MACD+DIF交叉向下	中、長線指標	
	柱狀體	□紅色面積＞綠色面積 □綠色轉紅色	□紅色面積＜綠色面積 □紅色轉綠色		
	背離	□股價創新低 □MACD沒創新低	□股價創新高 □MACD沒創新高		
RSI		□RSI＞50 □RSI突破下降趨勢線	□RSI＜50 □RSI跌破上升趨勢線	短線指標	
DMI		□＋DI＞－DI □ADX脫離20向上	□－DI＞＋DI □ADX脫離20向上		
籌碼	法人	□法人進	□法人出		http://www.cnyes.com/twstock/Institutional/2330.htm http://tw.stock.yahoo.com/d/s/major_2330.html
	散戶	□融資增、融券增 □融資爆減 融券暴增	□融資減、融券減 □融資爆增 融券暴減		http://tw.stock.yahoo.com/d/s/credit_2330.html

註：以台積電（2330）為例

當買點項目 ＞ 賣點項目 → 買進

當賣點項目 ＞ 買點項目 → 賣出

2-1
技術分析掌握個股買賣點總論

一、技術分析概念

　　技術分析乃藉由研究分析過去價格走勢以及價量的資料，來決定買進賣出的時機。技術分析的基本假設前提是：雖然時空更迭，但歷史將會重演，因此只要掌握股價變動軌跡是屬於何種形態，就能正確的預測未來之股價走勢。技術分析較側重於投資時機之掌握，技術分析以市場資料為分析對象，分為市場整體資料及個別股票資料等兩大類，不僅分析價格及成交量，也分析各種技術方法。

　　應用技術分析的目的，在於決定股票的買賣時機，技術分析關心的是股價的變動，而非股價的價位。技術分析著重於探討股市或個股的變動，至於外部其他因素的變動則不予重視。因此，技術分析著重於短期股價變動的預測。常見的技術分析指標有K線、價量關係、均量水準、RSI、移動平均線、乖離率、OBV、MACD、ADL、寶塔線等等。

二、技術分析的盲點

　　以過去的技術分析經驗來從事股市投資，並不保證未來也能同樣有效。就短期而言，技術分析確實可能有效，但是就長期而言，並不可能持續地擊敗市場。

　　技術分析另一項嚴重的缺點，在於各種技術分析方法，都在

教導投資人，如何選擇買進賣出點。而根據此法，買進、賣出點不斷出現，投資人必須要經常買進、賣出，因此又陷入「短線操作」的迷途。技術分析並非無用，但也絕非神仙丹藥，技術分析是投資股市的操作工具而非全部。本書希望讓讀者明白技術分析的本質，及其提供的訊息，進而運用技術分析為自己在投資股票的過程中創造財富。

　　投資人必須明白，投資人的買賣行為影響股價，股價再影響所有技術指標，並非技術指標影響股價。但投資人卻希望由技術分析的慣性來預測股價未來走勢，這種推論方式造成技術分析的準確度無法達到百分之百正確，必須要用投資策略來彌補技術分析的缺點。例如：運用投資比重、停利、停損等方法來增加勝算的機率，減少不必要的風險。

■ 圖2-1-1　　股價影響技術指標

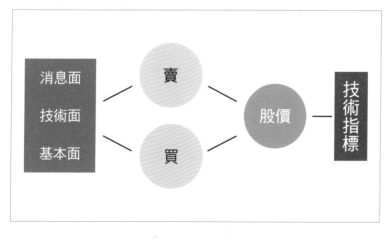

三、技術分析學派

技術分析之所以大行其道，在於它跳脫繁瑣的基本分析，直接在圖形上找答案，不具經濟學、財務金融學背景的投資人也能運用，規劃自己的投資策略。

「圖形人人會看，解說則各家不同」，坊間各投顧公司的分析師所採用的技術分析，可謂學派林立，但基本上脫離不了技術圖形學派與技術指標學派兩大類。

1 技術圖形學派

技術圖形學派依據過去股價的走勢，來判定未來股價的走向及買賣時點。在學習技術圖形分析之前，必須先學K線圖。K線圖係將每日開盤價、收盤價、最高價及最低價，用粗線及細線的方式紀錄下來，畫成蠟燭樣的圖表，它是技術圖形分析的基礎，投資人必須了解K線圖的變化形態，才能充分發揮技術圖形的功能。

技術圖形分為上升趨勢、下降趨勢、區間整理、三角形、旗形、W形、M形和三重底、三重頂等。每一種圖形皆有它的特色，投資人可依據圖形來判斷股價未來的走勢。

技術圖形學派中，有一重要的理論——「艾略特波浪定律」。艾略特指出，任何一種股票的股價都呈現上升五波段，下降三波段的運動方式，投資者可以在波段中找到適當的買點與賣點，進場操作，以賺取利潤。

2 技術指標學派

技術指標學派運用統計方法，將市場的各種狀況數值化，提

供投資人作為預測市場走向的工具，這種方法稱為技術指標法。大部分技術指標都是將每日開盤、收盤、最高、最低價和成交量等，以各種不同的方式加以統計運用。價格波動影響技術指標的高低很大，技術指標的高低對價格的影響則相對地沒有那麼大。

技術指標易學易用，只要掌握指標的特色，即可作為買進或賣出的參考。缺點是技術指標容易「鈍化」，當股價連續大漲或持續下挫時，技術指標無法忠實的反映股價走勢與買賣時點。

投資人不應只依據技術指標的高低作買進賣出的決策，只能參考。技術圖形（形態分析）與技術指標相互搭配運用，成功的機率就可提高。技術指標可分為四種：一、非趨勢指標：是衡量市場買、賣雙方力道與人氣過盛或虛弱的指標，在於表現市場為買超或賣超，而非判斷價格漲跌的工具。如RSI（相對強弱指數）、KD值（隨機指標）、WMS（威廉氏指標）。二、趨勢指標：用來判斷市場趨勢的指標，如MACD（聚散指標）、MA（移動平均線）、DMI（方向移動指標）。三、量能指標：成交量、OBV（人氣指標）。四、籌碼指標：三大法人買賣超、融資融券、買賣家數。

四、技術分析的綜合運用

技術分析的工具有數十種，投資人要挑選出適合自己的技術指標加以熟練，整理出一套自己的技術指標。我建議投資人將技術分析的指標區分為主指標、次指標、細指標三大類。

主指標包括：K線、價量關係、移動平均線、葛蘭碧八大法則，這些指標幫投資人找到趨勢；接著是次指標，包括：KD和MACD，當投資人確定買賣時點；最後是細指標，包括RSI、

DMI、籌碼分析等，這些指標是來確定我們的分析是否正確。

我們可以把一檔個股的技術圖形調出來，然後依據本章「技術分析掌握買賣點總表」所示，一一勾選技術指標的現象，是落在買方或是賣方；當買方勾選的數量多於賣方勾選的數量，表示買盤力道強，可以買進，如果買方勾選的數量多於賣方勾選的數量非常多，更可大膽買進；當賣方勾選的數量多於買方勾選的數量，表示賣盤力道強，可以賣出，如果賣方勾選的數量多於買方勾選的數量非常多，更要大膽賣出。這樣的方法可以避免因為一個技術指標決定買賣時點，減少犯錯的機率。

五、投資實例－技術分析的綜合運用

我們以鴻海（2317）技術為例，來說明如何運用「技術分析掌握買賣點總表」，來判定鴻海的買進時點是否到了。由圖2-1-2到圖2-1-5的情形，來篩選「技術分析掌握買賣點總表」得到表2-1-1，買點有14項合格，賣點只有1項合格，買進訊號強烈，此時值得強力買進。

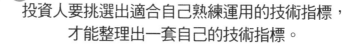

投資人要挑選出適合自己熟練運用的技術指標，
才能整理出一套自己的技術指標。

■ 表2-1-1　技術分析掌握買賣點總表

主指標	細指標	買點	賣點
K線	長紅長黑棒	長紅棒 待量突破壓力	
成交量	爆量		高檔 爆量
	待確定圖形	三角形收斂、量增	
移動平均線	趨勢	K線在上方，短天期線在上方 長天期線在下方 股價一波一波高	
	交叉	黃金交叉：短天期線突破長天期線，且上揚、多線糾結上揚 帶量	
	連續點	2、3	
KD	50以上下	50以上	
	交叉	KD交叉向上	
MACD	MACD+DIF	MACD+DIF交叉向上	
	柱狀體	紅色面積＞綠色面積	
RSI		RSI＞50	
		RSI突破下降趨勢線	
DMI		＋DI＞－DI	
籌碼	法人	法人進	
	散戶	融資減	

資料來源：作者整理

■ 圖2-1-2　鴻海K線、移動平均線、成交量、KD、MACD圖

資料來源：嘉實資訊

■ 圖2-1-3　鴻海RSI、DMI圖

資料來源：嘉實資訊

■ 圖2-1-4　鴻海三大法人買賣超

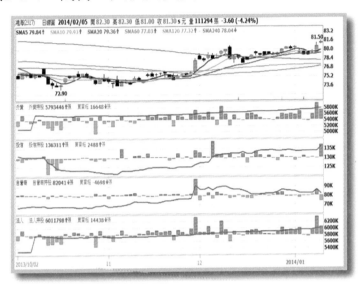

資料來源：嘉實資訊

■ 圖2-1-5　鴻海融資、融券、買賣家數累積圖

資料來源：嘉實資訊

2-2
K線圖和趨勢線

一、K線

　　股價的變動多半為經濟的、政治的、心理的因素所控制，因此股價的變動絕不是毫無理由的。買方與賣方永遠站在對立的兩邊，一方的利潤即是另一方的損失。投資人為確保利益，需了解買賣雙方過去的消長，並預測買賣雙方在次日、次周或次月哪一方具有優勢，以決定站在買方陣線或加入賣方行列。K線圖即將買賣雙方實戰結果用圖形表示力量的增減與轉變過程。

　　K線就是用圖表示股價每天、每週、每月的開盤價、收盤價、最高價、最低價等升跌情況，充分反映股價的變動方向。我們以開盤和收盤的價格區間圖實體線，連接最高價與最低價的線稱為「上影線」、「下影線」。

　　從K線中可以明顯看出買賣雙方力量的消長與股價的升跌情況，藉以判斷股價未來的發展趨勢，把握買進或賣出時機。K線經許多專家統計、分析、整理後，已成為一套完整的股價分析理論，出現某些典形的圖形後，就可以預測未來股價的漲跌。以下是三個基本圖形：

1. 開盤價比收盤價高時，將開盤價與收盤價之間塗黑，
   並連接最高價與最低價，叫作「陰線」。
2. 當收盤價高於開盤價時，將開盤價與收盤價之間塗紅
   色或留白，再連接最高價與最低價，稱為「陽線」，
   代表行情上漲。
3. 如果開盤和收盤同一價，盤中有高價和低價，則為十
   字線。

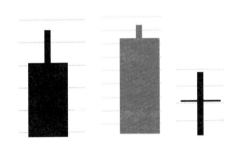

二、K線基本解析

　　股票行情的波動決定於買賣雙方力道的強弱，如同兩軍對
峙，不僅比士氣、力量，也考驗雙方的智慧。若在同一時間內買
盤大量湧進，賣方被擊退，則股價扶搖直上，以漲停板收市表示
賣方完全崩潰；相反的，賣盤不斷湧出，買方接手薄弱，價格便
直線下挫，以跌停板收市表示賣方獲得全勝。

　　K線分為陰線、陽線與十字線三種基本圖形。陰線表示收盤
價低於開盤價，賣方占上風；陽線表示收盤價高於開盤價，買方
占上風；十字線表示收盤價與開盤價相同，買賣雙方勢均力敵。
上影線愈長表示賣方力量愈強，下影線愈長表示低價位買氣濃

厚。從K線的「實體」與「影線」可以看出買賣雙方力量的消長與股價變動的趨勢。由於「實體」與「上下影線」長短有別，故可產生多種圖形，每一種圖形都隱含著不同的訊息。

任何一套技術分析法都可能被主力、大戶或作手利用，以達到順利進貨與出貨的目的。主力大戶以「養、套、殺」的操作策略，運用「騙線」等手段，在短期內獲取高報酬，賺的正是散戶的血汗錢。

所謂「騙線」，就是運用其龐大資金買進賣出左右行情，製造「好線」，使多頭上當大量買進；製造「壞線」，使空頭上當大量賣出。K線本是買賣雙方勢力消長的反映，在投機性濃厚的台灣股市卻成為少數人利用的工具。舉例來說，每日的開盤價與收盤價很容易受主力大戶的左右，投資人若依據一兩根日K線作為隔日操作的依據，風險很大，往往會誤上郎中的當。

有些短線技術操作者為避免行情指標受作手的影響，會捨日K線而取周K線，作為短、中期研判操作的依據，因為主力作手較難控制一周的走勢。周線是將一周內多頭與空頭作戰的結果用K線表示，壓力線與支撐線作用較強，因此準確性提升不少。依據周線操作的股友正在增加中，讀者亦可選擇幾種時常進出的股票，建立完整的周K線，配合日線操作，誤差便可減少。

三、K線圖

K線圖就是把所有的K線依時間順序排列，這樣可以明顯地看出買賣雙方力量的消長，股價的升跌情況。根據K線圖，可以分析判斷股價未來的發展趨勢，進而把握買進或賣出的時機。K線圖經過許多專家統計、分析、整理後，已形成了一套完整的股

價分析理論，當出現某些典型圖形後，就可以預測出未來股價的
漲落。

　　K線圖是以縱軸表示價格及成交量，橫軸表示時間。若用日
K依時間順序排列稱為日K線圖，若用周K依時間順序排列稱為周
K線圖，若用月K依時間順序排列稱為月K線圖。

■ 圖2-2-1　　日K線圖

資料來源：嘉實資訊

■ 圖2-2-2　　周K線圖

資料來源：嘉實資訊

■ 圖2-2-3　月K線圖

資料來源：嘉實資訊

四、趨勢線

1 水平趨勢線：支撐線和壓力線

在圖形上，支撐與壓力是一個相當明顯的買點與賣點；支撐代表買盤的接手區，壓力代表賣盤的放空區或是買盤獲利區。

如何預測支撐線與壓力線？投資人可由過去的歷史資料得到答案。當股價在下跌或盤整的過程中，遇到特定的價位，股價即反轉或反彈向上，即為支撐線（支撐區）；當股價在上漲或盤整的過程中，遇到特定的價位，股價即反轉或拉回向下，即為壓力線（壓力區）。

支撐與壓力有互換的特性，一旦突破壓力線，將來股價回檔，這條線會變成支撐線；一旦跌破支撐線，將來股價反彈，這條線會變成壓力線。這就是市場常說的「支撐變壓力，壓力變支撐」。

　　要評估支撐壓力線是否穩固，可觀察成交量。當股價到達壓力線時，成交量持續放大，表示換手積極，買方企圖心強，股價易被突破；反之，當股價到達壓力線時，成交量萎縮，表示買方意願不高，股價不易被突破。

　　若圖形中上有壓力線，下有支撐線，股價在此兩線中盤整，即構成整理區。投資人可以在壓力線附近設賣單，在支撐線附近設買單，來回操作，賺取價差利潤。

■ 圖2-2-4　支撐線和壓力線

資料來源：嘉實資訊

2 上升支撐趨勢線與下降壓力趨勢線

　　在技術分析的理論中，將股價的運動區分為上升、下降及盤整三種。上升運動代表股價不斷以大漲小回的方式創新高；下降運動是股價不停的以大跌小漲的方式創新低；盤整則是在固定區間內來回運動。

在圖形中，很容易找出上升趨勢線，只要找出每一波段的低點，畫上連接線即可。股價在上升的過程中，是沿著上升趨勢線不斷挺進的，當股價回檔到上升趨勢線時，常反彈向上；一旦跌破上升趨勢線，則運動的方向改變。

同樣的，畫出下降趨勢線只要找出每一波段的高點，將每一個高點用直線連接即可。在股價下跌的過程中，常沿著下降趨勢線不停下滑，當股價小幅度反彈到下降趨勢線時，又反轉下挫；若股價配合成交量放大一舉突破下降趨勢線時，下跌格局才會改觀。

可以說上升趨勢線就是向上傾斜的支撐線；下降趨勢線就是向下傾斜的壓力線。我們常可在圖形上找到上升區間與下降區間，在支撐線處買入，在壓力線處賣出股票。

■ 圖2-2-5　上升支撐趨勢線

資料來源：嘉實資訊

■圖2-2-6 下降壓力趨勢線

資料來源：嘉實資訊

可在圖形上找到上升區間與下降區間，
在支撐線處買入，在壓力線處賣出股票。

2-3
滿足點的預測

一、定義

　　一般投資人在買賣股票時最常問的問題是，這檔股票會漲到哪裡？會跌到哪裡？這就是股票滿足點的預測模式。預測股價的目標區有兩種方法，第一種是用財務報表的資料來預測合理股價，這是法人機構最常用的方式。例如:預估每股獲利（EPS），乘以合理本益比（P/E），得到目標價；也可以估算每股淨值（BPS），乘以合理股價淨值比（P/B），得到目標價。

　　第二種方式是用技術分析找價格的滿足點和時間的滿足點，預期目標價格的方法有前波高點低點、等浪原理、黃金切割率、圖形學派；預期時間的轉折點有費波南級數。本章節是運用技術圖型來找出預期的滿足點，投資人不要認為滿足點一定會到，這是錯誤的觀念。滿足點有事候會到，有時候不會到，有時候會超過。滿足點是股價在行進過程中的一個目標價，到了那附近會有龐大的壓力或支撐出現，投資人到了預期的滿足點附近要多一分謹慎和小心，這才是滿足點的最大功能。

二、前波高點低點

　　前波新高通常是股價套牢的區域，股價到那個價位會有解套賣壓，可視為短期上漲目標區；前波新低通常是股價支撐的區域，股價到那個價位會有買盤進場，可視為短期下跌目標區。

■ 圖2-3-1　前波新高39元為壓力區，是上漲的目標區

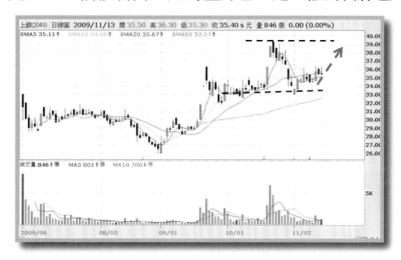

資料來源：嘉實資訊

■ 圖2-3-2　前波新低點7128點為有效支撐區

資料來源：嘉實資訊

三、等浪原理

　　股價由漲勢起點到漲勢終點的幅度，是下一波漲勢的幅度；股價由跌勢起點到跌勢終點的幅度，是下一波跌勢的幅度。

■ **圖2-3-3　用等浪理論預估漲幅**

資料來源：嘉實資訊

■ **圖2-3-4　用等浪理論預估跌幅**

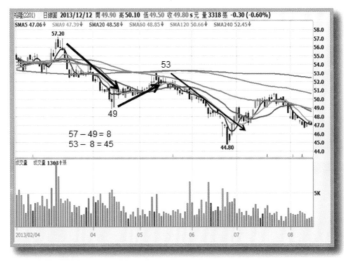

資料來源：嘉實資訊

四、黃金切割率

　　根據費波南茲數列的定律，前一個數字除以後一個數字，得到的答案會趨近於0.618。例如：13除以21等於0.619，34除以55等於0.618，這一個數字就稱為黃金切割率。運用黃金切割率0.618、0.382或0.5來預測價格的高低點與回檔的幅度。

　　股價漲高後回檔的目標區，如果是小幅回檔是前波漲幅0.382，如果是中期回檔是前波漲幅0.5，如果是大幅回檔是前波漲幅0.618。股價跌深後反彈的目標區，如果是小幅反彈是前波跌幅0.382，如果是中期反彈是前波跌幅0.5，如果是大幅反彈是前波跌幅0.618。

■ 圖2-3-5　　上漲後的回檔滿足點

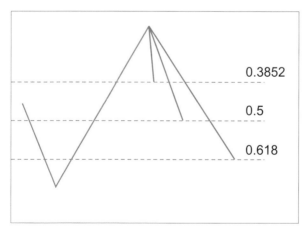

資料來源：作者整理

■ 圖2-3-6　上漲後的回檔滿足點實例

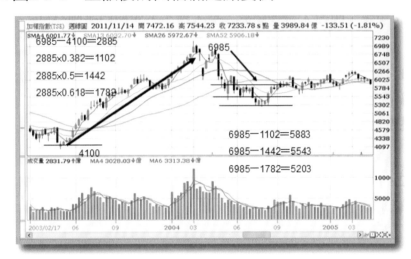

資料來源：嘉實資訊

■ 圖2-3-7　下跌後的反彈滿足點

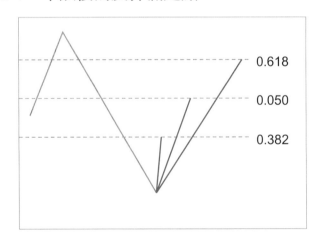

資料來源：作者整理

■ 圖2-3-8 下跌後的反彈滿足點實例

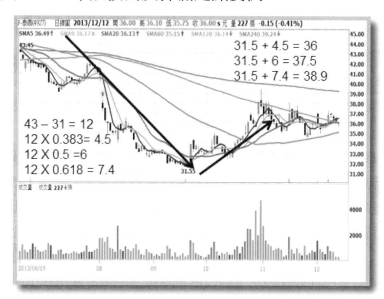

資料來源：嘉實資訊

五、圖形學派

反轉圖型有M型、W型、頭肩頂型和頭肩底型，預期的漲跌幅，是以頸線到頭部或底部的距離為預期滿足幅度。

■ 圖2-3-9　M型

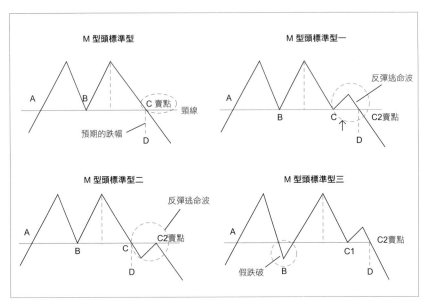

資料來源：作者整理

■ 圖2-3-10　M型實例

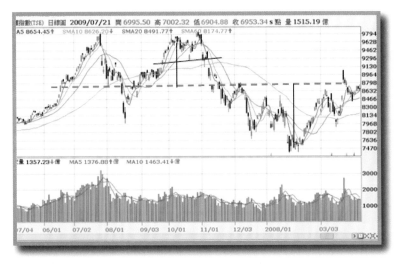

資料來源：嘉實資訊

■ 圖2-3-11　W型

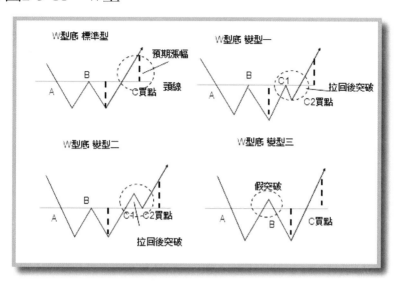

資料來源：作者整理

■ 圖2-3-12　W型實例

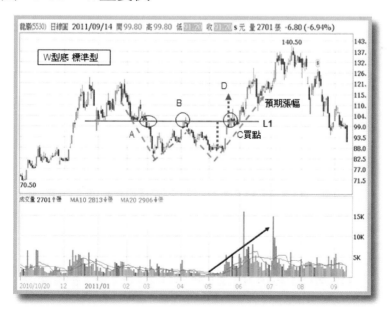

資料來源：嘉實資訊

■ 圖2-3-13　頭肩頂型

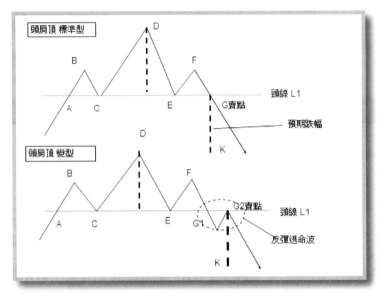

資料來源：作者整理

■ 圖2-3-14　頭肩頂型實例

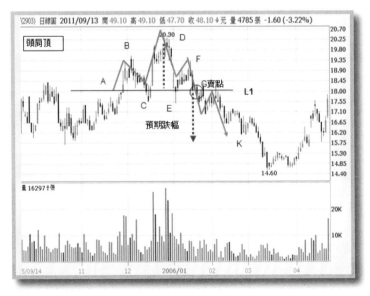

資料來源：嘉實資訊

■ 圖2-3-15　頭肩底型

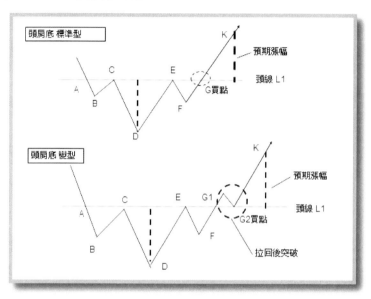

資料來源：作者整理

■ 圖2-3-16　頭肩底型實例

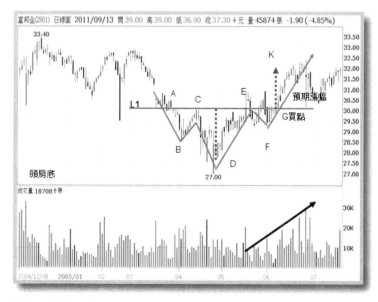

資料來源：嘉實資訊

六、費波南級數

費波南級數相傳是由費波南希爵士所發明,他是文藝復興時代義大利的貴族,本身是位有名的數學家。據說他很喜歡養兔子,就在養兔子的過程中,無意中發現了這個後世股市奉為圭臬的費波南級數。費波南級數是時間滿足點的預測值。

費波南希級數是1、2、 3、 5、 8、13、21、34、55、89、144、233、377,也就是到了這些特定時間有可能反轉。如果是漲勢,到了這特定時間有可能會反轉向下;如果是跌勢,到了這特定時間會有可能會反轉向上。這個時間點可以「日」或是「周」或是「月」為基礎。

例如:以日為基礎,自起漲日起第1日、2日、 3日、 5日、8日、13日、21日、34日可能反轉向下;或自起跌日算起,第1日、2日、 3日、 5日、 8日、13日、21日、34日可能反轉向上。

例如:以周為基礎,自起漲日起第1周、2周、3周、 5周、8周、13周、21周、34周可能反轉向下;或自起跌日算起,第1周、2周、3周、5周、8周、13周、21周、34周可能反轉向上。

投資人剛學費波南級數時,都會認為上述的期間都是轉折點,其實不然,應該是說到了上述的時間有可能轉折,如果沒有轉折,就等下一個轉折期間。

■ 圖2-3-17　費波南級數實例

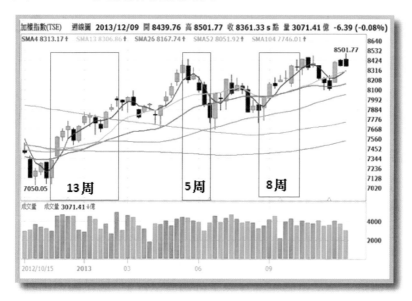

資料來源：嘉實資訊

2-4
移動平均線

一、定義

　　移動平均法是最常見的順勢分析工具。移動平均線代表的是市場價格在最近一段期間的平均水準，運用算術平均數的運算，可以抹平不正常或暫時性的價格波動，表現出較為真實且符合常軌的價格走勢。本質上移動平均線往往落於行情之後；移動平均期愈短，對價位變化的敏感度愈高，移動平均期愈長，對價位變化的敏感度愈低。

　　一般移動平均法之計算方法有： 簡單移動平均法； 幾何平均法； 加權平均法； 指數加權平均法等四種。簡單平均法使用方便，幾何平均法取得之數值保守，加權平均法賦予較近日期之價位較大權數，而指數加權平均法之權數係由指數基礎所建立，較為客觀，目前國內的移動平均線都是採用簡單移動平均法。

　　不一樣的K線圖必須搭配不一樣的移動平均線，來代表一周、一月、一季、半年、一年的市場平均價，以下就是市場慣用的移動平均線。

1 以日K線而論：

　　5日移動平均線代表周線，10日移動平均線代表2周線，20日移動平均線代表月線，60日移動平均線代表季線，120日移動平均線代表半年線，240日移動平均線代表年線。

2 以周K線而論：

4周移動平均線代表月線，13周移動平均線代表季線，26周移動平均線代表半年線，52周移動平均線代表年線，104周移動平均線代表2年線。

3 以月K線而論：

6個月移動平均線代表半年線，12個月移動平均線代表年線，60個月移動平均線代表5年線，120個月移動平均線代表10年線。

■ 圖2-4-1　日K線搭配

資料來源：嘉實資訊

■ 圖2-4-2　周K線搭配

資料來源：嘉實資訊

■ 圖2-4-3　月K線搭配

資料來源：嘉實資訊

二、行情研判

1. *當K線圖在最上方，短天期的移動平均線大於長天期的移動平均線，且由上而下排列，屬於多頭排列，為漲勢行情。*

2. *當K線圖在最下方，長天期的移動平均線大於短天期的移動平均線，且由上而下排列，屬於空頭排列，為跌勢行情。*

3. *當K線與移動平均線糾結在一起，屬於盤整行情。*

■圖2-4-4　多頭走勢

資料來源：嘉實資訊

　　當K線圖在最上方，短天期的移動平均線大於長天期的移動平均線，且由上而下排列，屬於多頭排列，為漲勢行情。

■ 圖2-4-5　空頭走勢

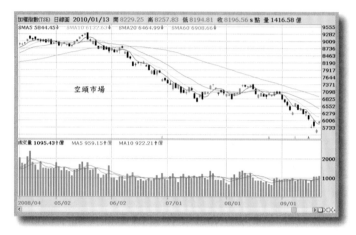

資料來源：嘉實資訊

　　當K線圖在最下方，長天期的移動平均線大於短天期的移動平均線，且由上而下排列，屬於空頭排列，為跌勢行情。

■ 圖2-4-6　盤整走勢

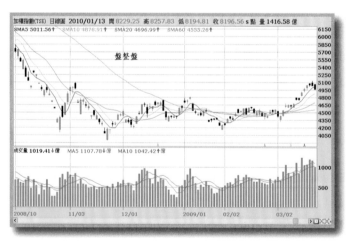

資料來源：嘉實資訊

　　當K線圖與移動平均線糾結在一起，屬於盤整行情。

三、由兩條移動平均線找買賣時機

1. 當短天期的移動平均線突破長天期的移動平均線，且兩條線上揚，且成交量放大，為黃金交叉，是買進訊號。

2. 當短天期的移動平均線跌破長天期的移動平均線，且兩條線下彎，為死亡交叉，是賣出訊號

3. 短天期的移動平均線和長天期的移動平均線的論定是比較而來。例如：5日移動平均線和10日移動平均線比較，5日移動平均線是短天期和10日移動平均線是長期；10日移動平均線和20日移動平均線比較，10日移動平均線是短天期和20日移動平均線是長期；20日移動平均線和60日移動平均線比較，20日移動平均線是短天期和60日移動平均線是長期。

■ 圖2-4-7　黃金交叉

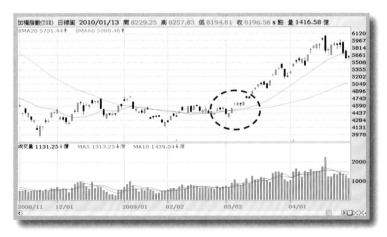

資料來源：嘉實資訊

　　買點：20日移動平均線反轉向上，突破60日移動平均線，呈黃金交叉。

■ 圖2-4-8　死亡交叉

資料來源：嘉實資訊

　　賣點：20日移動平均線反轉向下，跌破60日移動平均線，呈死亡交叉。

■ 圖2-4-9　黃金交叉及死亡交叉

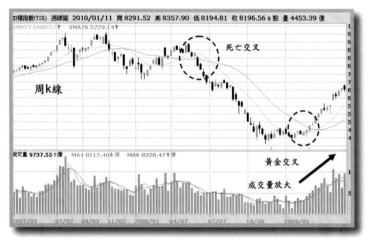

資料來源：嘉實資訊

　　買點：13周移動平均線反轉向上，突破26周移動平均線，呈黃金交叉。

　　賣點：13日移動平均線反轉向下，跌破26周移動平均線，呈死亡交叉。

四、由多條移動平均線找買賣時機

　　1. 多線糾結往上是買點
　　2. 多線糾結往下是賣點

■圖2-4-10　三線糾結往上，買進訊號出現

資料來源：嘉實資訊

■ 圖2-4-11　四線糾結往上，買進訊號出現

資料來源：嘉實資訊

■ 圖2-4-12　五線糾結往上，買進訊號出現

資料來源：嘉實資訊

■ 圖2-4-13 三線糾結往下，賣出訊號出現

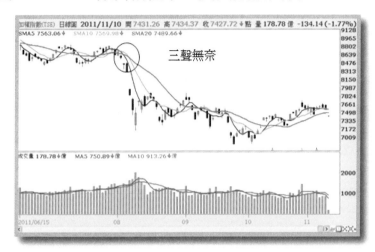

資料來源：嘉實資訊

■ 圖2-4-14 四線糾結往下，賣出訊號出現

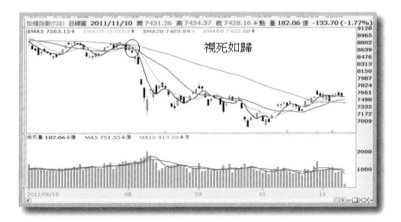

資料來源：嘉實資訊

■ 圖2-4-15　五線糾結往下，賣出訊號出現

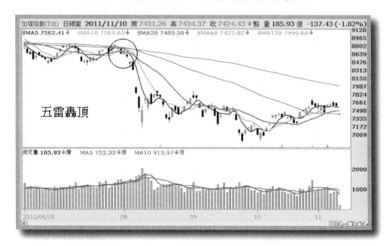

資料來源：嘉實資訊

五、實例說明

1 投資實例一

我們以大盤走勢圖，搭配移動平均線定理，掌握買賣時點。

A點：5日、10日、20日、60日移動平均線糾結向上，為黃金
　　　交叉的買點

B區：當K線圖在最上方，短天期的移動平均線大於長天期
　　　的移動平均線，且由上而下排列，排列由上而下為5
　　　日、10日、20日、60日、120日移動平均線，此屬於多
　　　頭排列，為漲勢行情

C點：5日、10日、20日移動平均線糾結向下，為死亡交叉的
　　　賣點

D區：當K線圖在最上方，短天期的移動平均線大於長天期
　　　的移動平均線，且由上而下排列，排列由上而下為5
　　　日、10日、20日、60日、120日、240日移動平均線，
　　　此屬於多頭排列，為漲勢行情

E點：5日、10日、20日、60日移動平均線糾結向上，為黃金
　　　交叉的買點

■ 圖2-4-16　移動平均線實例一

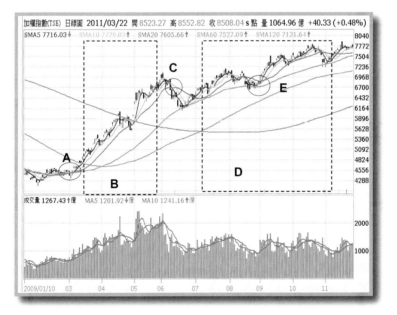

資料來源：嘉實資訊

2 投資實例 二

我們以大盤走勢圖，搭配移動平均線定理，掌握買賣時點。

A點：5日、10日、20日、60日、120日、240日移動平均線
　　　糾結向下，為死亡交叉的賣點

B區：當K線圖在最下方，長天期的移動平均線大於短天期的移動平均線，且由上而下排列，排列由上而下為120日、60日、20日、10日、5日移動平均線，此屬於空頭排列，為跌勢行情

C點：5日、10日、20日移動平均線糾結向下，為死亡交叉的賣點

D區：當K線圖在最下方，長天期的移動平均線大於短天期的移動平均線，且由上而下排列，排列由上而下為240日、120日、60日、20日、10日、5日移動平均線，此屬於空頭排列，為跌勢行情

■ 圖2-4-17　移動平均線實例二

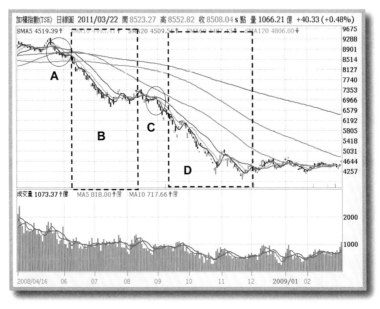

資料來源：嘉實資訊

2-5
葛蘭碧平均線八大法則

一、定義

　　美國投資專家葛蘭碧依平均線與K線圖之間的關係形態，訂出的股市進出原則，相當具有參考價值。葛蘭碧八大法則的運作，是利用價格與其移動平均線的關係作為買進與賣出訊號的依據。其認為價格的波動具有某種規律，移動平均則代表著趨勢的方向。葛蘭碧利用股價和移動平均線的關係在上升過程中找到3個買點，1個賣點；在下跌過程中找到3個賣點，1個買點。這8個點並非依次序發生，而是依據股價和移動平均線的關係來論定。

二、行情研判

　　1. 日K線圖搭配20日移動平均線，依據葛蘭碧平均線八大法則，判定買賣時點

　　2. 周K線圖搭配13周移動平均線，依據葛蘭碧平均線八大法則，判定買賣時點

三、買賣時機

1 買進時機

- 1點：價格向上突破移動平均線，且移動平均線翻揚向

上,代表原有趨勢開始反轉向上,因此這個黃金交叉為波段的買進訊號。

- 3點:股價漲高後回檔整理,接近移動平均線,移動平均線仍然上揚,為買進訊號。該點為初升段的修正波段,且股價沒有跌破移動平均線,顯示趨勢持續加速發展。

- 2點:上升段中的急跌,股價跌破移動平均線後的反彈點,均線仍處於上升階段,顯示後勢仍具行情,因此急跌後反彈為買進訊號。

- 4點:價格自高點跌破移動平均線,並且跌深,此時發生了價格偏離均線很大,因此預期這現象將有所修正,為買進訊號。

2 賣出時機

- 8點:雖然處於上漲階段,但價格短線漲幅過大,以致於與移動平均線的偏離過大,預期短時間內將會有獲利,賣壓湧現,價格將有所修正,因此為賣出訊號。

- 5點:移動平均線已向下,且價格由上向下跌破移動平均線,表示趨勢發生反轉,為波段的賣出訊號。

- 7點:股價下跌後反彈,接近移動平均線,移動平均線仍然下彎,為賣出訊號。該點為初跌段的反彈波段,且沒有突破移動平均線,顯示趨勢持續加速發展中。

- 6點:價格突破下彎的移動平均線後迅速拉回,即為假突破訊號,為趨勢持續的意義,此時移動平均線仍然向下,為賣出訊號。

■ 圖2-5-1　　葛蘭碧移動平均線八法則

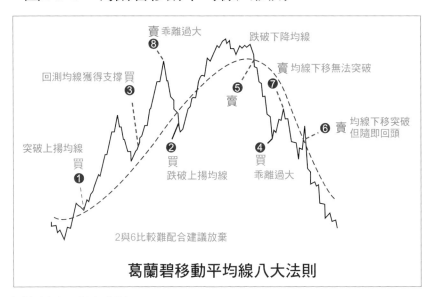

資料來源：嘉實資訊

■ 圖2-5-2　　日K線搭配20日移動平均線，運用葛蘭碧八
大法則①②③為買點

資料來源：嘉實資訊

■ 圖2-5-3 　日K線搭配20日移動平均線，運用葛蘭碧八
　　　　　　大法則 ⑥⑤⑦為賣點

資料來源：嘉實資訊

■ 圖2-5-4 　周K線搭配60日移動平均線，運用葛蘭碧八
　　　　　　大法則①②為買點⑤⑥為賣點

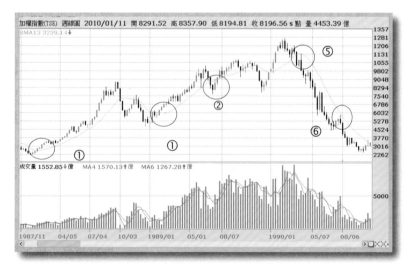

資料來源：嘉實資訊

四、投資實例

我們以2006年到2010年為例子，以日K線搭配5日移動平均線代表周線、10日移動平均線代表2周線、20日移動平均線代表月線、60日移動平均線代表季線、120日移動平均線代表半年線和240日移動平均線代表年線。來說明如何運用「移動平均的走勢與交叉點」搭配「葛蘭碧八大法則」，判定行情走勢和買賣時點。

1 投資實例一

■ 圖2-5-5　2006年大盤指數走勢圖

資料來源：嘉實資訊

1. 股價在2006年3月中旬，成V型反轉，連續突破5日、10日、20日、60日移動平均線，符合「葛蘭碧八大法則」編號1的買進點，隨後價漲量增，股價呈多頭排列，股價拉回接近5日、10日均線皆為買點，為強勢上漲格局。

2. 股價在2006年5月中旬，股價成島型反轉向下，5日、10日、20日移動平均線依次下彎，為「葛蘭碧八大法則」編號5的賣出點。

3. 股價下跌到年線附近止穩，年線依舊上揚為支撐線，為買進時點。

4. 股價上升到半年線，半年線反壓向下，為壓力區，視為賣出時點。

5. 股價再次測試年線，跌破年線，但年線上揚，符合「葛蘭碧八大法則」編號2的買進點。

6. 股價因利多上漲，突破各均線且均線依次翻揚向上，為多頭走勢，逢拉回為買點。

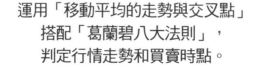
運用「移動平均的走勢與交叉點」
搭配「葛蘭碧八大法則」，
判定行情走勢和買賣時點。

2 投資實例二

■ 圖2-5-6　2007年大盤指數走勢圖

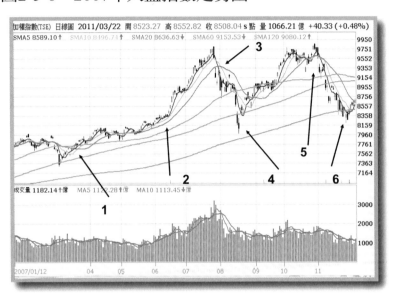

資料來源：嘉實資訊

1. 股價在2007年3月中旬，緩步上攻，20日線翻揚向上，股價沿20日線向上，為多頭攻擊點。

2. 股價在2007年5月中起呈現多頭排列，當K線在最上方，短天期的移動平均線大於長天期的移動平均線，且由上而下排列，屬於多頭排列，配合成交量放大為漲勢行情。

3. 股價在2006年5月中旬，股價成島型反轉向下，5日、10日、20日移動平均線依次下彎，為「葛蘭碧八大法則」編號5的賣出點。

4. 股價跌破半年線抵達年線，但半年線和年線上揚，符合

「葛蘭碧八大法則」編號2或3的買進點為買進訊號。

5. 股價在2007年9、10月再次上攻，在11月份上漲到9700點附近，但成交量並未出現7月份的成交量，形成價量背離圖形，有反轉做頭下跌的疑慮。

6. 股價跌抵達年線，但年線上揚，符合「葛蘭碧八大法則」編號3的買進點為買進訊號。

3 投資實例三

■ 圖2-5-7　2008年大盤指數走勢圖

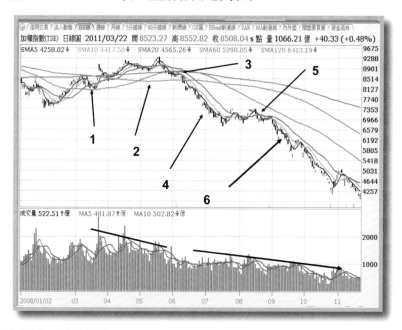

資料來源：嘉實資訊

1. 股價跌到60日移動平均線（季線），且季線翻揚，為買進點。

2. 股價創新高，但成交量不創新高，價量背離，有做頭疑慮。

3. 2008年6月初，K線跌破移動平均線，且移動平均線糾結向下，形成多個死亡交叉，為「葛蘭碧八大法則」編號5的賣出點。

4. 股價在2008年6月中旬以後，股價一波比一波低，呈現空頭排列，當K線在最下方，短天期的移動平均線小於長天期的移動平均線，且由下而上排列，屬於空頭排列，配合成交量縮小為跌勢行情，此時逢反彈皆為賣點。

5. 股價在7000點到6000點間企圖築底，但季線反壓嚴重，且成交量萎縮，最後仍然下跌。

6. 股價在2008年9月中旬以後，又再一次下挫，進行末跌段走勢，此時股價一波比一波低，呈現空頭排列，當K線在最下方，短天期的移動平均線小於長天期的移動平均線，且由下而上排列，屬於空頭排列，配合成交量縮小為跌勢行情，此時逢反彈皆為賣點。

4 投資實例四

■圖2-5-8 2009年大盤指數走勢圖

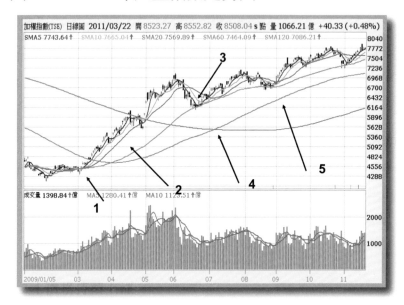

資料來源：嘉實資訊

1. 股價在2009年1月到3月間進行打底，最後K線突破5日、10日、20日、60日移動平均線，且5日、10日、20日、60日移動平均線糾結向上，符合「葛蘭碧八大法則」編號1的買進點，隨後價漲量增，股價呈多頭排列，股價拉回接近5日、10日均線皆為買點，為強勢上漲格局。

2. 股價在2009年5月起呈現多頭排列，當K線在最上方，短天期的移動平均線大於長天期的移動平均線，且由上而下排列，屬於多頭排列，配合成交量放大為漲勢行情。

3. 股價跌破20日移動平均線，抵達60日移動平均線，但60日

移動平均線上揚，符合「葛蘭碧八大法則」編號3的買進點為買進訊號。

4. 120日移動平均線（半年線）突破240日移動平均線（年線），視為黃金交叉，為買進點。

5. 股價在2009年10月起呈現大多頭排列，當K線在最上方，5日、10日、20日、60日、120日、240日移動平均線，依序排列。短天期的移動平均線大於長天期的移動平均線，且由上而下排列，屬於多頭排列，配合成交量放大為漲勢行情，逢拉回皆為買點。

5 **投資實例五**

■ 圖2-5-9　2010年大盤指數走勢圖

資料來源：嘉實資訊

1. 股價在2010年1月，股價成島型反轉向下，5日、10日、20日移動平均線依次下彎，為「葛蘭碧八大法則」編號5的賣出點。

2. 股價在2010年2月中旬，成V型反轉，連續突破5日、10日、20日、60日移動平均線，符合「葛蘭碧八大法則」編號1的買進點，隨後價漲量增，股價呈多頭排列，股價拉回接近5日、10日均線皆為買點，為強勢上漲格局。

3. 股價在2010年5月，股價成M型反轉向下，5日、10日、20日移動平均線依次下彎，為「葛蘭碧八大法則」編號5的賣出點。

4. 股價在2010年6月中旬，成W型反轉，連續突破5日、10日、20日、60日移動平均線，符合「葛蘭碧八大法則」編號1的買進點，隨後價漲量增，股價呈多頭排列，股價拉回接近5日、10日均線皆為買點，為強勢上漲格局。

5. 股價下跌觸擊60日、120日、240日移動平均線，且3條均線上揚，為買進點。

6. 股價在2010年9月起呈現大多頭排列，當K線在最上方，5日、10日、20日、60日、120日、240日移動平均線，依序排列。短天期的移動平均線大於長天期的移動平均線，且由上而下排列，屬於多頭排列，配合成交量放大為漲勢行情，逢拉回皆為買點。

2-6
隨機指標：KD指標

一、定義

　　為美國George Lane在1957年首先發布原始公式，而於1986年提出修正公式。他觀察股價上漲時，當日收盤價總是朝向當日價格波動的最高價接近；反之，當股價下跌時，當日收盤價總是朝向當日價格波動的最低價接近之原理。隨機指標KD改善移動平均線反應遲鈍的缺點，為短期買進、賣出的指標。

二、行情研判

1. 當D＞50為多頭佔上風；當D＜50為空頭佔上風；當D＝50為多空勢均力敵。

2. 當K值大於D值時，市場屬漲勢行情，做多較有利；若K值小於D值，係為跌勢行情，空手觀望或作空較為適宜。

3. D＜20進入超賣區，隨時可能出現反彈或回升，可伺機買進。

4. D＞80進入超買區，隨時有可能出現回檔或下跌，可伺機賣出。

三、買賣時機

1. 當K線、D線交叉往下，為賣出訊號。

2. 當K線、D線交叉往上，為買進訊號。

3. 當K線、D線交叉往下，且20日移動平均線向下，為強烈賣出訊號。

4. 當K線、D線交叉往上，且20日移動平均線向上，為強烈買進訊號。

5. 當K線、D線交叉往下，且MACD小於0，為強烈賣出訊號。

6. 當K線、D線交叉往上，且MACD大於0，為強烈買進訊號。

7. 當股價與KD線呈高檔背離現象，即股價創新高，KD沒有創新高，為賣出時機。

8. 當股價與KD線呈低檔背離現象，即股價創新低，KD沒有創新低，為買進時機。

四、注意事項

1. KD指標短期可以提示明確的買賣點。

2. KD指標易於大波段行情中過早出場。

3. KD指標可能出現多次交叉騙線而增加交易成本。

4. KD指標在高檔，且股價持續上漲，KD容易產生鈍化，失去指標功能。

5. KD指標在低檔，且股價持續下跌，KD容易產生鈍化，失去指標功能。

五、投資實例

■圖2-6-1

資料來源：嘉實資訊

　　當K線自上往下跌破D線（KD交叉向下），為賣出訊號

　　當K線自下向上突破D線（KD交叉向上），為買進訊號

■ 圖2-6-2

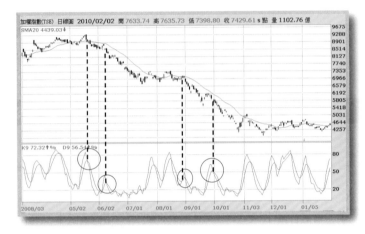

資料來源：嘉實資訊

當K線由上往下跌破D線（KD交叉向下），且20日移動平均線向下，為強烈賣出訊號

■ 圖2-6-3

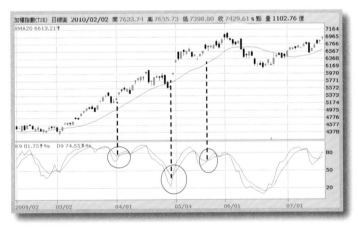

資料來源：嘉實資訊

當K線自下向上突破D線（KD交叉向上），且20日移動平均線向上，為強烈買進訊號

■ 圖2-6-4

資料來源：嘉實資訊

當K線、D線交叉往下，且MACD小於0，為強烈賣出訊號

■ 圖2-6-5

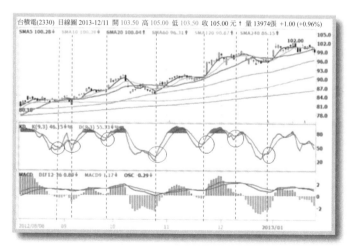

資料來源：嘉實資訊

當K線、D線交叉往上，且MACD大於0，為強烈買進訊號

■ 圖2-6-6

資料來源：嘉實資訊

當股價與KD線呈高檔背離現象，股價創新高，KD沒有創新高，為賣出時機

■ 圖2-6-7

資料來源：嘉實資訊

當股價與KD線呈低檔背離現象，股價創新低，KD沒有創新低，為買進時機

■ 圖2-6-8

資料來源：嘉實資訊

　　股價持續上漲，KD在高檔時，容易產生鈍化，失去指標功能

■ 圖2-6-9

資料來源：嘉實資訊

　　股價持續跌，KD在低檔時，容易產生鈍化，失去指標功能

2-7
平滑異同平均線MACD

一、定義

　　MACD是由兩位美國學者艾培爾與希斯勒所提出，來研判股市行情買進或賣出的時機。一般多採用12日與26日的平滑平均值，以及9日MACD值。

　　MACD是國內投資人運用極為廣泛的技術分析工具。它不僅可以測定股價走勢的方向，在股價盤整時亦能發揮預警的功效。MACD值大於零，表示股價呈多頭走勢；MACD值小於零，表示股價呈空頭走勢。由於MACD的運動速度較慢，在同一期間，出現買賣訊號的次數比KD來的少，因此他的準確度比KD或RSI來的高，適合中長期操作的投資人使用。

二、行情研判

> 1. 當MACD與DIF值皆為正數，此時為多頭行情。
> 2. 當MACD與DIF值皆為負數，此時為空頭行情。

MACD的準確度比KD或RSI來的高，
適合中長期操作的投資人使用。

三、買賣時機

1. *DIF向上穿越MACD（DIF、MACD交叉向上）時為買進訊號。*
2. *DIF向下穿越MACD（DIF、MACD交叉向下）時為賣出訊號。*
3. *DIF轉折向上買進，DIF 0軸以上轉折向上強烈買進*
4. *DIF轉折向下賣出，DIF 0軸以下轉折向下強烈賣出*
5. *柱狀體由正轉負賣出，柱狀體由負轉正買進*
6. *指數逐漸升高，但MACD的高點卻一波比一波低時，形成熊市背離，未來行情大跌的機率高*
7. *指數不斷創新低，但MACD的低點卻不斷升高時，稱為牛市背離，未來行情大漲的機率高*

四、綜合運用

1 當MACD與DIF值皆為正數，此時為多頭行情時

1-1. DIF向上突破MACD，視為回檔後再攻擊，為強烈買進訊號。

1-2. DIF向下跌破MACD，先視為漲多回檔休息，為短線賣出訊號。

2 當MACD與DIF值皆為負數，此時為空頭行情。

2-1. DIF向下跌破MACD時，視為反彈後再下殺，為強烈賣出訊號。

2-2. DIF向上穿越MACD時，先視為跌深反彈，為弱勢買進訊號。

五、注意事項

1. MACD為中長期指標，不適合於短線操作。

2. MACD的買賣訊號通常較大盤的高低點落後。

3. MACD可以減少移動平均線出現假突破的買賣點，減少無效的交易次數而提高獲利能力。

4. 波段行情之後，MACD與DIF經常『糾纏不清』，買進和賣出訊號變差，此時不宜使用。

六、實例說明

■ 圖2-7-1

資料來源：嘉實資訊

當MACD與DIF值皆為正數，此時為多頭行情。

■ 圖2-7-2

資料來源：嘉實資訊

當MACD與DIF值皆為負數，此時為空頭行情。

■ 圖2-7-3

資料來源：嘉實資訊

DIF向上突破MACD時為買進訊號，DIF向下跌破MACD時為賣出訊號

■ 圖2-7-4

資料來源：嘉實資訊

　　DIF轉折向上買進，DIF 0軸以上轉折向上強烈買進

　　DIF轉折向下賣出，DIF 0軸以下轉折向下強烈賣出

■ 圖2-7-5

資料來源：嘉實資訊

　　柱狀體由正轉負賣出，柱狀體由負轉正買進

■ 圖2-7-6

資料來源：嘉實資訊

　　指數逐漸升高，但MACD的高點卻一波比一波低時，形成熊
市背離，未來行大跌的機率高

■ 圖2-7-7

資料來源：嘉實資訊

　　指數不斷創新低，但MACD的低點卻不斷升高時，稱為牛市
背離，未來行情大漲的機率高

■ 圖2-7-8　MACD與DIF值皆為正數，為多頭行情時

1. DIF向上突破MACD，視為回檔後再攻擊，為強烈買進訊號
2. DIF向下跌破MACD，先視為漲多回檔休息，為短線賣出訊號

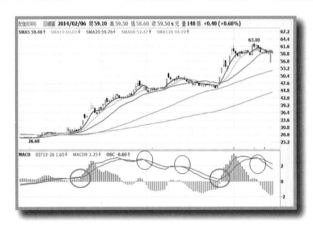

資料來源：嘉實資訊

■ 圖2-7-9　MACD與DIF值皆為負數，此時為空頭行情

1. DIF向下跌破MACD時，視為反彈後再下殺，為強烈賣出訊號
2. DIF向上穿越MACD時，先視為跌深反彈，為弱勢買進訊號

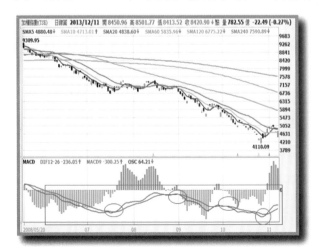

資料來源：嘉實資訊

2-8
其他技術指標

一、相對強弱指標RSI

　　相對強弱指標是先行指標的一種，它是以一定期間內商品價格的變動關係為基礎，去推算其未來價位的變動方向。基本原理是利用在正常股市中多空買賣雙方的力道必須取得均衡，股價才會穩定的原理。RSI是計算在一定期間內，股價上漲總幅度平均值佔總漲幅和總跌幅平均值的比例，RSI值會介於0～100之間。

　　RSI計算公式：（以12日RSI為例）

$$12日RSI＝（12日漲幅平均值）÷（12日漲幅平均值＋12日跌幅平均值）×100$$

1 行情研判

1. 為50時，為買賣均衡點，正常的波動區間為30至70之間。
2. 大於80時，為超買訊號。
3. 小於20時，為超賣訊號。

2 買賣時機

1. 單一RSI大於80時，可以伺機採賣出策略。

2. 單一RSI小於20時，可以伺機採買進策略。

3. 短天期RSI由下向上穿越長天期RSI時，可以買進；短 天期RSI由上向下穿越長天期RSI時，可以賣出。

3 注意事項

1. RSI會比股價變動先出現峰或底，能預先反映股價的漲跌 趨勢，可視為大盤指數走勢的先行指標。

2. 係股價動量強弱指標，其軌跡連線所形成的高低點，可作 為切線及切點，找出壓力線及支撐線。

3. 在高檔或低檔時，容易產生鈍化，失去指標功能。

4. 盤勢進入橫盤整理時，長短天期的RSI也容易形成重複交 义的情形。

4 投資實例

■ 圖2-8-1

資料來源：嘉實資訊

　　單一RSI大80時，採賣出策略；單一RSI小於20時，採買進策略

二、指標DMI

　　由美國投資專家華德所提出，運用統計學計量分析的方法，藉由創新高價或新低價的動量，研判多空雙方的力道，進而尋求雙方力道的均衡點，是屬於中長期投資策略的技術指標。趨向變動值DMI中，「＋DM」表示上漲趨勢變動值，「－DM」代表下跌趨勢變動值，而ADX是＋DI和－DI之間的差異。

1 行情研判

1. ＋DI為上漲方向指標，其值愈高時代表多頭行情。
2. －DI為下跌方向指標，其值愈高時代表空頭行情。
3. ADX值逐漸增加代表該趨勢力道之增強。
4. ＋DI線與－DI線經常接近甚至糾纏不清，此時若ADX值亦降至20以下時，代表行情處於盤整階段。
5. 當ADX從上升的走勢或高檔盤旋轉為下降時，顯示行情即將反轉。

2 買賣時機

1. ＋DI線由下向上突破－DI線時為買進訊號，若ADX呈現上揚，則漲勢更強。
2. ＋DI線由上向下跌破－DI線時為賣出訊號，若ADX線呈現上揚，則跌勢更凶。

3 注意事項

1. DMI指標只適用於中長期投資，不適用於短線操作。

2. 當行情處於盤整階段時，DMI指標亦較不適用。

4 投資實例

■ 圖2-8-2

資料來源：嘉實資訊

　　＋DI線由下向上突破－DI線時為買進訊號，若ADX呈現上揚，則漲勢更強

■ 圖2-8-3

資料來源：嘉實資訊

＋DI線由上向下跌破－DI線時為賣出訊號，若ADX線呈現上揚，則跌勢更凶

三、乖離率

乖離是指當日指數與平均線之間的差距，將乖離再除以移動平均值即為乖離率。當指數離開平均線過遠時，短期內大多會呈現技術性的回檔或反彈，將股價與移動平均線的距離拉近。所以，如果能掌握市場的特性，統計出指數的乖離率變化，就能夠在行情乖離率過大時，儘早採取對應的操作策略。

1 行情研判

1. 當乖離率為持續為正數時，表示做多較為有利，屬於多頭市場。
2. 當乖離率為持續為負數時，表示做空較為有利，屬於空頭市場。
3. 當乖離率在正負之間震盪時，表示處於盤局。

2 買賣訊號

1. 當乖離率過高時，多方宜採取保守操作並伺機賣出。
2. 當乖離率過低時，空方宜採取保守操作並伺機買進。
3. 可利用二條不同期間的乖離率曲線作交叉買賣訊號

3 注意事項

1. 利用乖離率可以彌補移動平均線的不足。

2. 有利於判斷進場時機，但容易失去波段行情的機會。

3. 當遇到盤整走勢時，乖離率的功能會大打折扣。

4. 當出現暴漲暴跌的行情時，乖離率的功能失效。

5. 乖離率不會在一定的區間內波動，掌握高低點的功能不
   佳。

4 投資實例

■ 圖2-8-4

資料來源：嘉實資訊

　　當乖離率持續為正數時，屬於多頭市場；當乖離率持續為負
數時，屬於空頭市場

2-9
計算籌碼流向

一、股市籌碼的定義

　　短線操作股票的投資人，常常要關心籌碼的流向和安定與否，當籌碼安定，表示股市容易上漲；當籌碼凌亂，表示股市下跌機率大。技術分析可以用來判定籌碼安定與否，除此之外，成交量、融資融券餘額、三大法人持股，也是重要參考指標。當成交量暴增，股市參與者太過熱絡，此時籌碼就亂；如果成交量萎縮、甚至產生窒息量，此時籌碼就安定。如果融資餘額暴增，表示股市流向一般散戶手中，如果三大法人（外資、投信、自營商）進場，表示股票籌碼相對安定。

　　籌碼是影響股市漲跌的短期因素，卻能影響股價的波動與走向，進而影響投資人的持股信心。當基本面沒有改變，但股價漲高了，成交量快速放大，此時大部分的人都賺到錢，隨時可以獲利出場，之前的買盤就變成不安定的賣壓。市場有一句話說：「股價上漲就是最大的利空」，指的就是籌碼問題。當股價下挫、成交量萎縮，買的人也不想買、賣的人不想賣，此時籌碼就得到有效的安定。當股價超跌出現，長期的投資買盤會在低檔承接，所以說「股價下跌就是最大的利多」，指的就是這個道理。

二、融資餘額與股價的關係

　　融資餘額是衡量散戶買盤的力道，通常使用融資都是短線進出的投資人，所以融資是買盤的短線指標。融資對股價而言有利

有弊，當股價上漲，散戶信心增強，使用融資買股，造成股價上漲，此時是融資增加的良性循環；當空頭市場來臨，散戶信心不足而離開股市，融資餘額跟著減少，形成價格下跌，此時為融資減少的惡性循環。

　　當散戶以融資買進一檔股票，他隨時都想離場，所以股市有一句話說「對融資戶而言—今天買的力量是明天賣的力量」。當融資創新高時，如果股價不創新高，表示散戶處在虧錢狀態，只要稍微有利空出現，散戶就會瘋狂出脫股票，此時股價有可能準備做頭反轉，形成多殺多的局面，直到融資驟減，散戶出場，股價才會落底，也就是市場所說的「融資投降後，股價才止跌；融資不死，空頭不止」。

■ 圖2-9-1

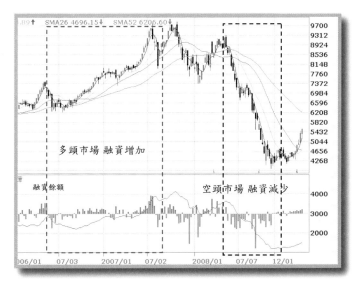

資料來源：嘉實資訊

　　多頭市場：融資增、股價漲，空頭市場：融資減、股價跌

■ 圖2-9-2

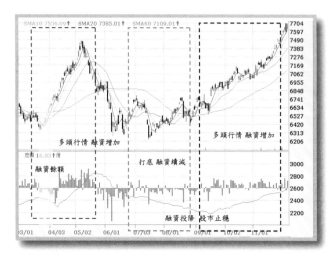

資料來源：嘉實資訊

多頭市場：融資增、股價漲，空頭市場：融資減、股價跌

■ 圖2-9-3

資料來源：嘉實資訊

當融資創新高時，如果股價不創新高，股價做頭反轉

■ 圖2-9-4

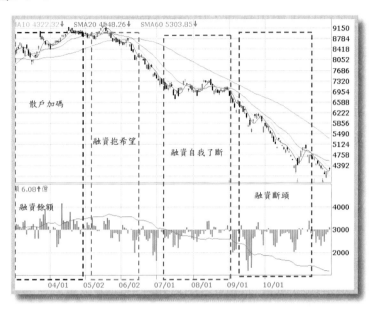

資料來源：嘉實資訊

　　融資投降後，股價才止跌；融資不死，空頭不止

三、法人進出與股價的關係

　　三大法人是指外資、投信和自營商，通常三大法人進場表示看好該股的基本面，在操作上比起散戶的融資安定，投資人可以觀察股價、法人進出和融資增減等三個訊號來判斷股價未來的漲跌。如果「法人進、融資減、股價上漲」，表示籌碼流入法人手中，籌碼安定，股價會有一波漲幅。如果「法人出、融資增、股價跌」，表示籌碼由法人流入散戶手中，籌碼凌亂，股價會有一波跌幅。

■ 圖2-9-5

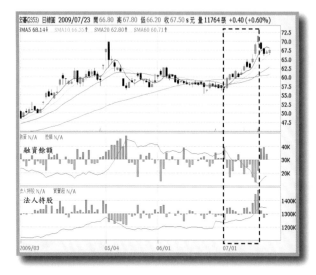

資料來源：嘉實資訊

　　法人進、融資減，籌碼穩定，股價上漲

■ 圖2-9-6

資料來源：嘉實資訊

　　法人出、融資增，籌碼凌亂，股價跌

四、買賣家數差異與股價的關係

當買進的券商家數大於賣出券商家數，表示買盤凌亂，賣盤集中，賣壓來自於特定券商的大戶，股價不容易有表現。當賣出的券商家數大於買進券商家數，表示買盤集中，賣盤凌亂，買盤來自於特定券商的大戶，股價有機會上漲。

■ 圖2-9-7

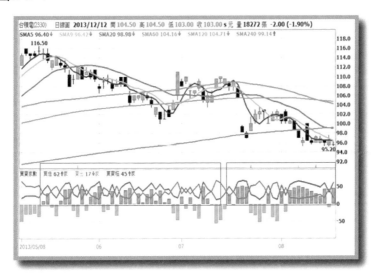

資料來源：嘉實資訊

買進的券商家數大於賣出券商家數，股價不容易有表現

■ 圖2-9-8

資料來源：嘉實資訊

　　當賣出的券商家數大於買進券商家數，股價有機會上漲

2-10
股市量價分析

一、成交量和股價的關係

　　股市中除考量價格的上漲下跌外，成交量亦是重要指標。俗話說「量是價的先行指標、先看量再看價」一語道破成交量在技術分析中的重要性，因為價格可以作價，但是成交量是要拿資金出來，較不容易造假，如果主力硬要作量，一天或許有可能，但一周就不太可能了。通常在高檔時成交量爆量，表示主力出貨，或是高檔換手，在低檔中量縮一段時間，表示有反彈契機。除了解量價關係外，投資人更要進一步分析成交量是從哪裡來，是散戶、主力、投信、外資或自營商的買盤，還是散戶、主力、投信、外資或自營商的賣盤。

1 成交量持續增加

1-1 價格持續上漲

　　價漲量增是良好的價量配合關係，通常是代表多頭的訊號出現。在多頭行情之中，成交量亦隨之適當增加時，可以視為「換手量」，有利於多頭市場的持續。不論是型態或是趨勢線，有效的向上突破，必須要成交量配合的放大才是。在多頭行情的末升段中，價漲量增有時會是高點已至的訊號。尤其是成交量異常放大，而且股價後繼無力之時。

1-2 價格持續下跌

是價量背離的訊號，後市以偏空為主，但仍待確認。在跌勢末期時，量增代表低檔買盤進入轉趨積極，距離指數低檔應不遠。在漲勢初期或低檔盤整階段，可能是多頭力道正在醞釀，若配合期指未平倉量的增加，未來行情上漲機會甚大。在漲勢末期則為多頭獲利了結心態濃厚，未來反轉下跌可能性大增。

1-3 價格持平

多為持續原來行情的走勢，但仍須確認。處於末跌段或初升段時，應是多頭力道仍在持續醞釀，未來上漲機會很大。多頭走勢或空頭走勢的整理期間，則為多頭或空頭力道處於平衡的狀況。若指數處於末升段，極有可能是多頭力道逐漸衰退的跡象。

2 成交量持續萎縮

2-1 價格持續上漲

屬價量背離現象，未來走勢一般以偏空因應。處於初升段或盤整階段時，應採取觀望態度。若為漲停鎖死，則後勢仍以續漲視之。處於末升段時，則可能因為多頭追漲意願不高，指數反轉而下機率大增。

2-2 價格持續下跌

若處於初跌段或主跌段時，代表多方接手意願不高，仍視為賣出訊號。若為末跌段時，則為空頭力量衰竭，應注意買進時機。若在上漲趨勢中，通常代表持股者惜售，未來應可續漲。

2-3 價格持平

若處於末升段則代表離高點不遠，應注意賣出時機。若處於盤整階段，則對於盤勢較無影響力。

3 成交量持續盤整

3-1 價格持續上漲

若處於多頭走勢中則有可能是處於換手過程中。若換手成功，股價會持續上漲。若後續成交量無法擴大，則應密切留意賣出訊號。在空頭趨勢中極可能是短暫技術的反彈，後市仍然偏空。

3-2 價格持續下跌

若後續成交量無法擴大，則應密切留意賣出訊號。在空頭趨勢中則是空頭力道仍在持續，後市仍然偏空。

3-3 價格持平

顯示觀望氣氛濃厚，指數未來仍以原來趨勢發展居多。

■ 圖2-10-1

資料來源：嘉實資訊

多頭市場－價漲量增 價跌量縮

■ 圖2-10-2

資料來源：嘉實資訊

　　空頭市場－股價下跌、成交量萎縮

■ 圖2-10-3

資料來源：嘉實資訊

　　成交量爆量 可能是股價高點

■ 圖2-10-4

資料來源：嘉實資訊

價量背離，股價創新高，成交量未創新高，股價反轉訊號

■ 圖2-10-5

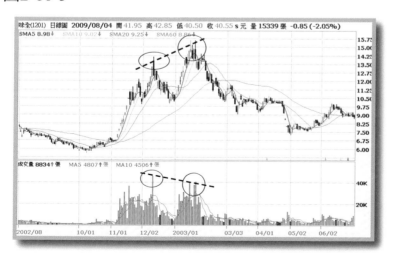

資料來源：嘉實資訊

價量背離，股價創新高，成交量未創新高，股價反轉訊號

■ 圖2-10-6

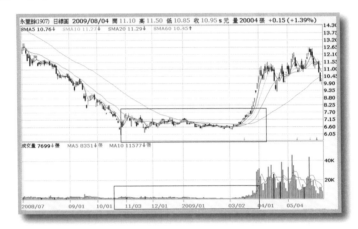

資料來源：嘉實資訊

　　底部量：股價盤整、 成交量萎縮

二、價量關係實例

■ 圖2-10-7　　台股指數日K線圖 價量關係

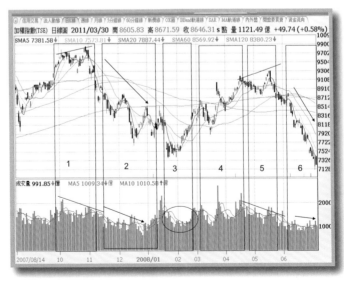

資料來源：嘉實資訊

1區：股價創新高，成交量沒創新高，價量呈背離狀態，股價反轉做頭

2區：股價跌破移動平均線，移動平均線下彎，成交量萎縮，為空頭市場

3區：股價在7400點附近止穩，成交量萎縮，形成凹洞量，為反彈訊號

4區：股價止穩後上揚，配合成交量放大，為多頭走勢

5區：股價創新高，成交量沒創新高，價量呈背離狀態，股價反轉做頭

6區：股價跌破移動平均線，移動平均線下彎，成交量萎縮，為空頭市場

■ 圖2-10-8　彰化銀行（2801）日K線圖 價量關係

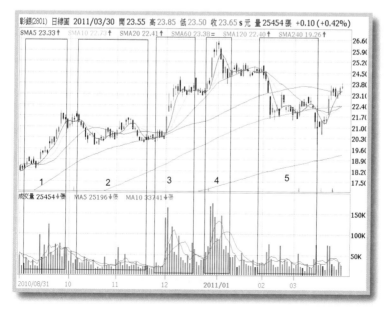

資料來源：嘉實資訊

1區：股價止穩後上揚，配合成交量放大，為多頭走勢

2區：股價回檔整理，成交量萎縮，股價進行低檔整理

3區：股價止穩後上揚，移動平均線糾結向上，配合成交量
　　　放大，為多頭走勢

4區：股價呈現噴出走勢，成交量暴增，隨後成交量快速減
　　　少，有做頭疑慮

5區：股價緩步走跌，配合成交量萎縮，為空頭走勢

如何決定
投資策略

3-0
投資策略總表

股市投資人	投資策略		備註
外資	長線操作		基本面、產業面為主 分buy side、sell side
投信	趨勢操作		季底結帳行情 損失10%、20%停損
自營商	短線進出		每月結算績效
主力、作手	養、套、殺的策略		注重籌碼面
一般投資人、散戶	逢低買進、逢高賣出	定時定額投資法	適合績優股、高股息殖利率股
		定價定額投資法	
		三角形投資法	
		固定市價投資法	
	追高殺低投資法	追逐強勢股的投資策略	有題材、有業績的主流股
		殺低弱勢股的投資策略	產業趨勢向下、個股業績衰退的股票
	賣出持股的策略	停損點賣出策略	
		停利點賣出策略	
		浮動式賣出策略	
		強勢股的賣出策略	

資料來源：作者整理

3-1
投資策略總論

　　所謂投資策略是指「怎麼買、怎麼賣」。一般投資人買賣股票是沒有策略的，看到利多就買，看到利空就賣，沒有章法，難怪成為主力作手坑殺的對象。投資策略很重要，它可以讓投資人3在投資股票時能按部就班，有系統的操作股票。有投資策略邏輯的投資人就像開車時有GPS來導航，迷路的機率大大減少，投資股市是比誰犯錯的次數少，次數少的就是贏家。擬定投資策略，是一個成熟的投資人必須具備的能力和知識，就好像下一盤棋，心裡已經有定見了。

　　依據我長期在資本市場的經驗，以基本面選股，技術面決定買賣時點，同時擬定投資策略，是投資股票立於不敗之地的不二法門。基本面是指觀察總體經濟、產業前景和公司經營績效，技術面是指分析各種技術指標，最後投資策略要事先擬定，並隨盤勢進行修正。

　　市場上很少人在談論策略，因為投資策略沒有依循的法則，會因為市場狀況而改變，最麻煩的是「今天正確的策略，明天不一定正確；今天錯誤的策略，明天不一定錯誤」，策略的正確與否只能事後論斷。既然如此為什麼還要在投資時擬定策略呢？就好像軍隊打仗，也要擬定作戰計畫是一樣的道理，因為他能減少投資犯錯的機率和損失，因為少犯錯就能多勝算，讓你在投資的路上賠少賺多。

證券市場的造勢者是公司大股東、三大法人和主力作手，了解他們的操作策略和投資邏輯，除了可以學習他們的投資策略外，也有助於散戶擬定自己的投資計畫。

一般投資人、散戶面對穩定配息的績優股，可以採取「逢低買進、逢高賣出」的策略，他的方法有：定時定額投資法、定價定額投資法、三角形投資法、固定市價投資法。當投資人面對強勢股，不要在意股價，因為此時人氣匯集，資金大量湧入，要勇敢追價。當投資人面對弱勢股，股價走勢呈現一波一波低，價格一再破底，此時投資人要勇於停損，畢竟「留著青山在、不怕沒柴燒」。

投資人常覺得「買股票容易、賣股票難」，投資人賣出股票分為兩種，一種是賺錢賣股，另一種是賠錢賣股。投資人不願意賺錢賣股，是因為心裡沒有辦法克服，將股票賣掉後，股價還上漲的障礙，其實沒有人能賣到最高點，只要賣到相對高點就很好了；投資人不願意賠錢賣股，是因為不願面對實現損失，或是擔心停損出場後，股價狂飆，賣到最低點，心中一定懊惱不已。

其實，賣出持股也要擬定策略，包括：停損點賣出策略、停利點賣出策略、浮動式賣出策略和強勢股的賣出策略，這些策略都可以讓投資人有依循的準則。

原則上投資人要根據當時的狀況來擬定，不斷的累積實戰的經驗，可以讓自己的投資策略更加熟練。

3-2
學習三大法人的操作策略

一、定義三大法人

　　一般我們在股市上常聽到的三大法人是指外資、投信、自營商。三大法人因挾帶龐大資金進出股市，動向因而備受矚目。由於三大法人每天皆會公告當天進出的股票種類和張數，對市場有其影響性，散戶通常會依據此一資訊做為個人投資的參考，也就是說看到法人進場，散戶就跟進，看到法人出場，散戶就賣出，因此在市場上具有乘數效果。

　　投信是指證券投資信託公司，投信主要在募集眾人資金，由專業經理人做有效投資之專業機構，而此所募集的金額又稱共同基金，為投資理財工具的一種。投信也可經營全權委託業務，也就是市場上所說的代操業務，摩根富林明投信、群益投信、國泰投信等公司屬於投信公司。

　　外資即是QFII，即合格外國機構投資者。也就是允許被核准的合格外國機構投資者在中央銀行的監管下，匯入一定額度的外匯基金，並轉換為台幣，透過嚴格監管的專門帳戶，投資以台幣交易的本土證券市場，本金、資本利得、股息、利息等經中央銀行審核後，可轉為外匯匯出境外。

　　綜合券商的業務包含證券自營商、證券承銷商、證券經紀商。證券自營商是指券商運用自己的資

金，自行買賣上市、上櫃公司股票及政府債券為主，需自負盈虧風險，並不接受客戶委託業務。自營商就是復華證券自營部、元大證券自營部等。

二、投信基金公司操作策略

投信基金是證券市場中三大法人之一，投信基金是基金經理公司向社會大眾募集基金，由證券專業經理人代為操作，投資於股市。投信基金在股市的地位也跟著日益重要，一般投資人也常常拿投信的持股標的作為投資的參考。投信基金的操作策略屬於短、中期投資，不像自營商偏重短線進出。投信基金持續加碼某一檔股票，投資人可適時的切入賺取差價；但是，當投信基金持股滿檔時，投資人就必須小心投信基金反手殺出或是獲利了結。

1 投信基金的類型

投信基金又可分為開放式與封閉式兩種，開放式基金是投資人可隨時要求基金公司贖回受益憑證，其資本額隨時在變動；封閉式基金資本額不變，投資人是在集中交易市場中買賣基金之受益憑證。

2 投信公司的選股策略

投信公司以三個條件選股：❶產業的能見度，❷公司本業和財務的透明度，❸公司業務的專業度，不宜有過多的業外活動。除了符合這三項標準還不夠，投信公司另一個選股的原則就是看景氣循環，當該項產業的景氣持續成長，基金經理人便會不斷加碼，建立基本持股。

在多頭市場中，投信基金的績效往往優於大盤，投資人也樂

於購買基金，使得基金管理規模日增，基金所投資的各檔股票通常也有不少的漲幅。但在空頭市場中，因經濟景氣不佳，股市盤跌，投資人信心大減，各投信基金管理的股票型基金都遭大量贖回，投信基金為了應付贖回壓力，只好賣出手中持股求現，此時投信的手中持股，反而是「票房毒藥」。

投信的操作評比是以擊敗大盤為目標，投信亦是屬於較長線的投資者，並且亦具有資訊領先及資金雄厚上的優勢，因此投資人可以找尋投信的買賣超的個股作為投資的標的。不過，由於法律規定投信最低持股為七成，不得零持股的規定，因此在下跌走勢時，投信的選股會以抗跌性為考量，此時投資人宜保持零持股，可能較投信持股更能規避大盤下跌的系統風險，這點在應用上須注意。

當投信買進一檔股票後，若股價下跌，損失超過10%時，就會啟動一波停損機制，當損失超過20%時，就會啟動另一波停損機制，如果投信持有某一檔股票很多且股票持續下跌，有可能引發投信的停損賣壓，此時投資人不宜進場承接，必須等到投信停損結束，籌碼安定後，基本面轉佳時再進場。投信基金經理人每一季發一次獎金，在季底前，基金經理人為了落袋為安，會處分一些賺錢的持股，因此，投資人在季底前要順勢賣出投信高持股且有獲利的股票。

投信基金經理人每一季發一次獎金，在季底前，
基金經理人為了落袋為安，會處分一些賺錢的持股，因此，
投資人在季底前要順勢賣出投信高持股且有獲利的股票。

■ 圖3-2-1　投信有季底結帳的賣壓

投信買進敬鵬（2355）在40元附近，9月底產生結帳賣壓

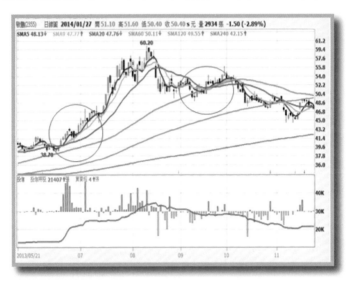

資料來源：嘉實資訊

■ 圖3-2-2　宏全（9939）因股價下跌 引發投信連環停
　　　　　　損賣壓

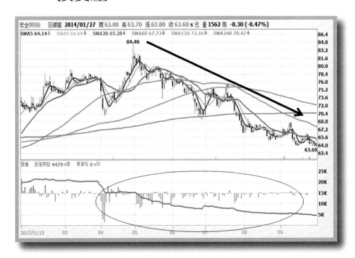

資料來源：嘉實資訊

三、外資機構操作策略

　　三大法人中的外資是屬於較長期的投資者。由於外資後台多為全球性的資訊研究機構，因此在趨勢上會較一般人判斷更為準確；並且外資資金雄厚足以形成風潮，因此在資訊的優勢以及資金優勢的情況下，再加上長期投資特點，外資的買賣標的通常為長期的績優股。在資訊取得不如外資的情況下，散戶可以參考外資的買賣標的做為重要的投資選股方式。2009年底，國內開放大陸資金QDII來台投資，因此在每天公告的外資進出金額中，就含有陸資成分。

　　「外國資金是最無情的掠奪者！」這句話是掀起東南亞股、匯市風暴頭號殺手索羅斯在香港世界銀行年會的演講中，好心地提醒有意藉開放資金市場增加競爭力之新興國家的警語，索羅斯還附帶提出「外國資金無所謂仁義道德，只要有錢賺，哪裡都可去！」索羅斯的狂語引起許多新興國家的痛批。

　　一般說來，香港、新加坡與日本的機構投資人，對國內的政經情勢非常清楚，所以在股市的進出較為頻繁。歐美的機構投資人因為距離較遠，投資期間因而拉得較長。平時他們會有中長期買盤，但股市開始大漲後，他們即停止買進，但一旦表現輸給大盤時，又會大舉進場加碼，因而也有人認為，外資有時也是股市的落後指標。

　　外資機構分為sell side和buy side兩類，所謂sell side是指外資券商，他的角色就是當外資下單的營業員，同時出具外資研究報告，我們在市場看到的美林證券、麥格理、大和證券等。如果外資券商看好一檔股票，會先通知他的客戶，等待客戶進場後，才會發出英文版的研究報告，最後報紙或媒體才會刊登，所謂的外

資券商對某檔股票的評等和目標價，當一般投資人看到這些新聞時已經是落後的資訊，如果進場，只能搶到最後一波行情，運氣不好可能是最後一隻老鼠。

所謂buy side是拿資金來買台股的國外基金或國外法人，他們是實際的買家，也是影響台股的重要力量。2013年政府推動證券交易所得稅，迫使大股東、股市主力紛紛走避海外，成立境外公司回台投資。因此目前的外資成分除了真正的外資外，陸資和假外資也佔有一席之地。真正的外資大部分的資金都是投資於大型股和權值股，有些國際退休基金，會投資在股息殖利率穩定和豐富的中型股；而大股東和股市主力成立的假外資，投資的重點在於小型投機股。

1 中長期持有，持續買進

與國內法人相比，國外法人的多空態度比較容易看得出來。如果外資匯入金額超過匯出金額，且股票呈現買超，即表示外資看好國內股市。通常他們的投資組合相當穩定，一旦決定投入，多半是中長期持有。而且一旦決定買進，即持續買進，買到一個預設的持股比率為止，即使因此而拉抬股價，買得較貴，也在所不惜。1993年外資買進台灣績優電子股時是如此，1994年買進基金受益憑證時也是如此。

2 不計價格的買進與賣出

然而他們一旦認為某上市公司基本面轉壞，或是政經因素惡化，賣出的動作與數量也相當驚人。他們要殺出某一特定比率的持股時，也是不計價格，直到賣光為止。1995年，外資出脫塑膠股和電子股，賣出張數即動輒一、兩千張。1997年下半年，股市

在萬點高檔震盪，外資看壞台灣股市，也是大舉殺出持股，毫不留情。例如2010年1月份更是瘋狂賣出持股，引發台股下跌1000點。

3 交叉套利，低風險高報酬

外資可利用股價指數期貨、海外可轉換公司債、全球存託憑證以及認購權證等衍生性金融商品，交叉進行各種套利的方式，賺取低風險和高報酬的利潤，主要關鍵為國內證券市場法過於繁瑣，也有諸多不合時宜的交易制度，例如衍生性金融商品的法令管理、競價交易、盤中監視及交割制度等，都和國際市場存有相當程度的差異，加上主辦單位對於外資在海外金融商品的操作，又無法全盤掌控，無形中為外資營造一個絕佳套利的環境。

外資如果看好台股走勢，會先在期貨和選擇權市場布局多單，然後再到現貨市場買進權值股，抬拉台股股價，散戶看到外資買進，也會進場搶股票，引發股市上漲，等到期貨結算日前（台指期貨結算日每月第三個禮拜三）。他會先賣出期貨和選擇權賺取差價，然後再賣出現貨獲利了結。

外資如果看壞台股走勢，會先在現貨市場買進權值股，抬拉台股股價，散戶看到外資買進，也會進場搶股票，引發股市上漲，此時外資開始在高檔布局期貨和選擇權市場的空單，等到期貨結算日前，他會先賣出手中的現貨，獲利了結，散戶見狀，也開始出脫持股，引發股價下跌，此時外資回補先前期貨和選擇權的空單，賺取差價。

外資在台股現貨市場的操作，經常令人感到摸不著頭腦，同一檔股票，明明業績等基本面並沒有重大改變，但是一會兒大

買,一會兒又大舉拋出,答案可能就在摩台指市場。外資在建立了中長期的基本持股部位後,短線的操作,大多以套利為主,在現貨市場大買權值股,可能是為了要拉高摩台指獲利出場,而在現貨市場大賣股票,也可能是為了摜壓指數,目的則可能是為了空單獲利,或是逢低在摩台指布局多單部位。

外資與國內資金的最大不同之處在於其投資分布在界各地,若碰到國際性的金融風暴,為了避險,必須重新調整其投資。例如:亞洲金融風暴時,國際的金融情勢開始轉壞,東南亞及南韓爆發金融危機,在亞洲地區持續減碼,加上亞洲基金面臨贖回壓力,馬來西亞又一度發布外資賣出的規定,使得外資轉而賣出亞洲地區股票,並將資金快速移出亞洲,因此牽動疲弱不振的亞股,應聲倒地。

■ 圖3-2-3　外資投資大型權值股

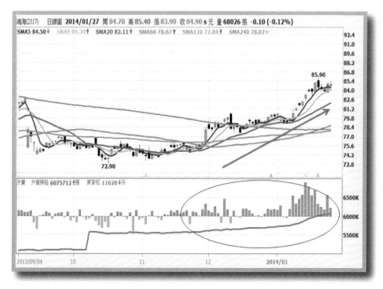

資料來源:嘉實資訊

四、自營部門操作策略

在先進國家，證券自營商擔負著穩定股市的任務，他們常常在大盤超跌、一片悲觀的時候進場買進股票；在大盤一路大漲、漲幅過大時陸續出脫股票，抑制股價，使其溫和上漲。自營商在資訊取得上亦較一般人領先。因此投資人可以利用自營商的個股進出標的來做為選股上的參考。不過一般說來，自營商的操作常會有快速短線進出的特性，因此在參考上須注意。

證券自營商就是證券公司以自有資金操作股票的部門，理論上自營商進出的股票也代表這家公司的操作部門對市場個股的看法，但由於現在券商發行的金融商品種類非常的多，如：認購權證、認售權證，加上承銷部門認購客戶的股票，這些避險部位的建立與賣出也都是在自營商的帳號下進行，所以就很難純粹從自營商的進出去研判這家公司的操作部門對市場個股的看法，譬如說看到自營商今天賣超的是友達光電，未必就是自營商看壞友達光電，有可能是因為友達光電的權證到期，將手上避險的部位賣出。

1 短線進出

國內的自營商的資金是證券公司的錢，甚至老闆自己的錢，基於盈利的考慮，常常成為追漲殺跌的元兇，當大盤跌破他們的停損點，自營商常迫於無奈而出脫持股，因此，證券自營商的操作策略大多以短線進出，僅賺取買賣的價差。

2 具專業經理人操盤

證券自營商在股市有一定的分量，證券自營商大部分由金融

機構，如銀行或綜合券商自行成立子公司，運用自有資金投資於股市。自營商擁有具專業素養的經理人，也有良好的政經關係，加上有些自營商背後有財團或市場主力支持，消息來源自當可靠，因此以自營商進出股市資料作為操作股票的短線依據，有一定程度的可信度。

　　股市有個不成文的定律，當多數自營商的持股都在高檔時，行情不會一次結束；當行情是以巨量向上翻滾時，盤勢通常不會尖頭反轉。如果行情一次結束，盤勢尖頭反轉，則大家都陷在裡面，沒有人是贏家，體型龐大的法人機構可能死得比散戶還慘。所以當法人機構都套在高檔，但是景氣和行情真的轉壞時，法人會伺機將股價往上抬拉，吸引散戶追價，然後將套牢的股票丟給散戶，自己停損出場。

3 階段性獲利實現

　　自營商的操盤都有績效壓力，也就是說，他們都需實現獲利。因此，自營商在達到一定獲利程度時，會調節手中持股邊拉邊賣，有時投資人會誤以為自營商看好後市，而進場承接，結果被套牢。因此，投資人應該經常閱讀財經報刊或投信公司的刊物，如此才能適時掌握自營商的動向。

自營商在達到一定獲利程度時，
會調節手中持股邊拉邊賣。

3-3
洞悉主力、作手操作策略

一、定義

主力、作手是指那些有辦法在股市中以大量金額進出，並對股價造成重大影響的人。主力的動向一直被散戶注意及追隨，因此報章雜誌對主力、作手的動向報導不遺餘力，而主力的外圍亦有一定程度的影響力。

股票市場的功能主要是發揮為上市公司籌措長期生產性資金與提供社會大眾投資的管道，有助於經濟成長。而主力大戶在股市扮演雙重角色：一是讓市場活絡創造股票的流動性；同時並能為其跟隨者（搭轎的散戶）創造財富，對社會不無貢獻。當市場主力介入股市太深，導致交易呈現過度活絡，則會使股票市場成為短線投機的場所，嚴重影響股市的安定；而且當主力介入操作一檔股票時，會使該股之股價呈現大幅波動，有時候會造成無知跟隨者（散戶）的損失。

投資人不要把主力、作手太過神話化，認為主力一定都賺大錢，跟著主力明牌走準沒錯；也不要把主力妖魔化，認為他們專門坑殺散戶、無惡不赦。其實主力也是人，他們在股市殺進殺出也是為了賺錢，他們的資金不可能無限，也會犯錯，也會操作失利，在股海中滅頂的主力作手數也數不完。一般而言，市場主力的操作方式可分為下列四個階段：鎖定籌碼、掌握基本持股、誘使散戶跟進、進行洗盤、計畫出貨。

二、掌握基本面、鎖定籌碼

　　主力要炒作一檔股票，除了本身要有資金之外，還要能掌握公司基本面的變化，否則當主力進場買進後，公司經營發生危機，股價下挫，主力也會受傷慘重。所以主力會跟上市櫃公司有一定默契，他們會藉由公司拜訪或特殊人際關係，事先掌握公司的營收和獲利，或是利多資訊。當他們確定訊息的可靠度之後，就會在股價低點默默的大量買進。有時候進貨的籌碼不夠多，主力會放出利空消息，或是趁著大盤不好時壓低進貨，把自己的持股成本壓低。

　　公司大股東如果覺得自己的股價委屈，或是將來公司基本面會轉佳，或是要發行新股和可轉換公司債，公司大股東也會主動的將此訊息傳達給投資機構或是主力，當市場都認同該公司的基本面，進場買進，股價自然上漲，大股東因持有公司股票，他個人的財富也會水漲船高，所以說公司派與市場派的關係，是「水幫魚，魚幫水」，但有時處理不好也有可能出現「水可載舟，亦可覆舟」的現象，市場上也常聽到公司派與市場派鬧翻，或是市場派取代公司派入主上市公司等消息。

　　股價能大漲要有一些因素配合，但最重要的是該公司的產業或經營有故事性，或有大幅度的成長。例如：2009年表現超強的個股有：振耀電子（6143）他的題材就是「電子書」，股價由13元飆到141元；東貝（2499）它的題材就是LED產業，股價由8元飆升到65元；潤泰全（2915）它的題材就是中國內需的大潤發通路，股價由12元飆到64元；聯鈞（3450）它的題材就是4G傳輸的雷射封裝，股價由11元飆升到68元。

　　當主力鎖定籌碼後，就要開始呼朋引友的將訊息告知特定外

圍人士，希望大家共襄盛舉，這些人並非一般散戶，而是有特定功能的人，例如：投信基金經理人、法人研究員、壽險公司操盤人、媒體記者，唯有他們都上了車，到時候他們才會幫忙拉抬叫賣股票，因此主力和上述這些人的關係都相當好。

當投信基金經理人以個人資金進場後，才會再拿基金的錢去買；當法人研究員個人資金進場後，才會努力的寫建議買進的研究報告；壽險公司操盤人個人資金進場後，才會拿壽險公司的資金買進；媒體記者個人資金進場後，才會在報紙雜誌撰寫利多新聞。有時候主力會與上市公司配合，並向公司董監事等大股東商量以巨額轉帳方式轉進大筆股票，聯合炒作。

投資人如能在主力進貨階段即買入，並在主力出貨的高檔時跟著獲利了結，自然是萬幸之至。但一般投資人很少有此能力察悉主力動向。故投資人持盈保泰之道，首先是要認清主力操作股票最終目的是在高檔出貨，也要避免在股價已經向上攀升一大段後再搶進；其次，要培養基本面分析與技術分析的能力，利用各種資訊了解上市公司的實際營運狀況，以及該公司歷年來股價之漲跌情形等，不要單憑市場消息進出股票。至於投資標的，則宜選擇績優股，以備萬一遭套牢時，仍可長期持有。

三、誘使散戶跟進

當市場主力買足某一檔股票，同時外圍的人士也都上了車，接著就大單敲進股票，股價就會緩步推升，當股價表現不俗時，投信資金、壽險資金、機構投資人也紛紛進場卡位。當主力鎖住籌碼，股價自然強勢表態，再用大成交量突破整理區，並透過外圍人士放出利多消息，甚至與公司董監事等大股東聯合大幅拉

抬，以引誘散戶跟進。

有時市場主力操作某支股票一段時間後覺得力有未逮，會將手中持股以巨額轉帳方式轉出部分予其他中實戶，以便共襄盛舉。如此一方面可增加自己買進力量，另一方面亦可藉眾人之力達到拉抬股價的目的。

在這一個階段，消息的釋放通常是經過非正式的管道，例如：證券公司的耳語、專業證券刊物、投信研究報告、外資研究評等或是投顧老師的會員體系，內容不外乎：公司接到大訂單、營收創新高、開發出新產品、擴展新市場、獲利表現超乎預期等，讓聽到的人覺得有基本面的支撐，而奮力搶進。

四、進行洗盤

市場主力在操作股票過程中為墊高散戶的持股成本，降低自己的持股成本，會計劃性的誘使先前進場的散戶和短線轎客出貨，並吸引另一批新手進場，而進行洗盤。這個動作並不是主力要出貨，而是希望藉由高出低進的方式把自己的成本降低，甚至部分資金落袋為安，有時候是要把不安定的籌碼洗乾淨，為最後一波的攻擊做準備。洗盤的方式有三種：

1 震盪洗盤：

即指市場主力在盤中高出低進，讓散戶搞不懂原因，終於因信心不足而脫手，結果往往造成散戶高進低出。

2 向下洗盤：

當某支股票經過一段上漲，逐漸為一般投資人認同，持股信

心大增，抱股不賣時，主力為求股價長期上漲，乃故意大量出貨，壓低行情，迫使短線浮額釋出，此為市場主力最常用的方式。

3 向上洗盤：

當股市走勢不佳時，市場主力乃故意拉高股價，但始終不讓該股股價漲停，以誘使散戶逢高出貨。由於向上洗盤之成本較高，一般較少使用。

五、計畫出貨

主力大戶操作股票的最終目的為順利出貨，賺取價差。所以發布利多，抬拉股價是必要的手段，股票市場常說「萬般抬拉，皆為出貨」就是這個道理。最後階段的消息管道是透報紙、雜誌刊登該公司的利多新聞，讓所有市場的人都知道該公司的大利多，說得好像散戶明天不買股會後悔一輩子。

此時，上市櫃公司老闆開始粉墨登場，大量的接受報紙媒體的專訪，規劃公司未來一到三年的遠景，讓投資人覺得，這家公司可以長期投資都不吃虧，散戶於是瘋狂追逐股票，成交量快速放大，就在這時候，主力可能配合發布利多消息，逐步出售手中持股。

所以剛開始利多出現時股價會熱烈反應，這是因為散戶勇敢買進，主力逢高賣股，買盤力量大於賣盤力量所造成的；接著股價表現的有氣無力，這是因為散戶的買盤減緩，主力開始大量出貨；最後是利多再次公布，股價反而下跌，那是因為散戶已經套在高點，主力把最後一批股票出的乾淨所造成。

主力也可能利用行情震盪時，作技術性的調節出貨。通常市場主力對缺乏市場性之股票，及成交量較小，一時無法在短期內出清之股票，常利用股市行情震盪時，作技術性的調節出貨。

　　有時市場主力操作某支股票太久，其動態已漸為投資人所注意，操作時會礙手礙腳，不易隨心所欲地靈活進出，於是炒作不同股票的主力就會協議互換股票操作，此時表面上是相互看好、互相捧場，實際上已在私底下達到順利出貨之目的。

　　雖然市場主力一般採取上述四個步驟操作股票，但各市場主力的實際作法亦有顯著差異。有些市場主力偏好「隔日沖」，也就是今天買進明天一定賣出的投資策略，無論賺賠都確實執行，有些市場主力偏好短線頻繁進出，以賺取差價；有些較厚道的市場主力，會以分批買、分批賣的方式持股，作中長期投資。如此散戶賺小錢，主力賺大錢，皆大歡喜。至於有雄厚資金作後盾的企業大老闆自己當起市場主力，為了照顧自己公司股價，並逃避證管會的追查，常利用自己的投資公司，在低價買進自家股票，然後放出利多消息，並將公司股價拉高後，大量出售手中持股，然後再放出利空消息，讓股價下跌，再待低價時補回，操作上完全不著任何痕跡。

主力大戶操作股票的最終目的
為順利出貨，賺取價差。

案例一

■ 圖3-3-1　主力炒作四階段

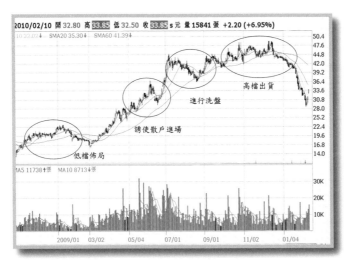

資料來源：嘉實資訊

案例二

■ 圖3-3-2　主力炒作四階段

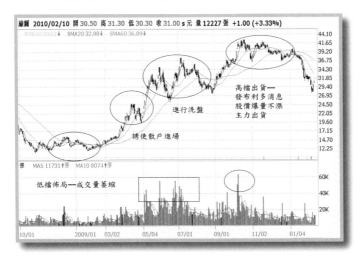

資料來源：嘉實資訊

3-4
追高殺低的投資策略

一、定義

　　如果你沒有時間分析、研究股市行情，或者因殺進殺出而虧損累累，建議你買進大型績優股，長期持有，數年下來必可累積一筆比定存優厚的利得。股市一直都是有漲有跌，即使在空頭行情的年度，也會有上漲的時候。照理說，投資人並非沒有賺錢的機會，但要看準行情，卻必須下功夫研究，再加上幾分運氣。股市投資人絕大多數是散戶，自然成為大戶和主力坑殺的對象。這也難怪散戶老是覺得自己在小賺大賠。

　　買賣股票還是要作長線比較容易賺到錢。股票放得久，獲利應不輸定期存款，投資人不妨買些股利高的股票，並參加除權，長期下來應可填權，那時的股子、股孫都算是賺到的。筆者有一位長輩，年輕時就進入一家上市銀行上班，他只要有閒錢就去買該銀行股票，幾十年下來，除了員工配股、向其他同事收購的股票，以及那些股子股孫，算一算也有上億元的價值，現在他正等著退休享清福。

　　作長線除了要有耐性，也要有基本分析的概念，須概略知道整個經濟景氣、個別產業走向，以及上市公司的動態。法人投信善於選定股票後在低檔買進，長期持有，最後都有不錯的獲利，值得散戶投資人參考。

　　散戶最為人詬病的就是追高殺低，看到股票上漲，見獵心喜，追價買進；看到股價下跌，心生恐懼，殺出手中持股，有時候運氣好，賺點蠅頭小利，有時候運氣不佳，套在高點，殺在低點，後悔不已。到底「追高殺低」的投資策略是對的嗎？其實投資策略沒有對錯，只有使用的時機對不對。遇到超級強勢股，追價買進是對的；遇到超級弱勢股，殺出股票是對的，問題在於你如何知道哪些股票是強勢股，那些股票是弱勢股。

　　如果你投資股票買賣的期間在3個月內，「追逐強勢股票、賣出弱勢股票」的投資策略是對的，依據一般經驗法則勝算機率約3成，也就是說投資10次，賠錢7次，賺錢3次；但是賠的是小錢，賺的是大錢，整體來講還是賺大錢。這種投資策略，嚴守紀律是相當重要的，買進訊號出現就有勇於買進，不管價位多高；賣出訊號出現要勇於賣出，不管是否賠錢。這種操作模式是標準的投機交易，追求的是股價的暴漲和暴跌行情，短期追求最大利潤，同時也必須面對最大風險，國際知名金融炒手索羅斯就是最標準的例子。

二、強勢股的特色

　　所謂強勢股是指股價在一段時間中，頭也不回的一直上漲，大部分的情形、成交量會快速放大成交熱絡、只有少數情形會有無量飆升的行情。股票的價格是資金堆積起來的，必須經過不斷的換手，才能將股價往上推升；因此，上漲的過程首重氣勢，氣勢足的股票才能在多頭市場有所表現。

　　強勢股通常會伴隨著重大利多消息，市場上一面倒，投資人見獵心喜，義無反顧的狂追股票。如果買方積極搶進，賣方也

逢高賣出，就會形成價漲量增的行情，這種行情是屬於積極的換手，投資人的成本一再墊高，漲勢的時間可以比較久，在技術線型上，可以看到股價沿著5日線或是10日線，以仰角45度的走勢向上攀升。如果買方積極搶進，賣方惜售，就會形成無量上漲的行情，這種行情以跳空漲停的方式，短期內股價漲勢凌厲，投資人想買也買不到，在消息面方面，財經刊物、媒體記者甚至分析師都競相報導，該股成為市場注目焦點。

■ 圖3-4-1　裕日車（2227）基本面加持 股價呈多頭走勢

資料來源：嘉實資訊

三、投資實例－追逐強勢股的投資策略

　　面對強勢股投資策略只有一個，就是「勇於追價、善設停損、確實執行」。你看到強勢股的股價每天上漲，卻下不了手買進，是散戶面對強勢股最大的困擾，此時投資人必須把基本面和技術面的投資思維暫時先放在一邊，因為你以正常的投資邏輯是

買不下手的。

　　如果面對的是價漲量增的強勢股行情，投資人可將買進價位設在5日移動平均線或是10日移動平均線附近，因為這類股價會沿著5日線或是10日線，以仰角45度的走勢向上攀升。當然股價沒有永遠漲的，當這類股價跌破10日移動平均線或是10日移動平均線下彎時，投資人就必須賣出股票，投資人必須了解這是積極的投機交易，無論任何理由，都必須嚴守賣出的紀律。

　　如果面對的是無量上漲的行情，投資人若要參與只能狠下心來去追價，沒有其他方式了，至於離場的方式，就是當投資人發現股價3日不創新高，就要勇於離場。

■ 圖3-4-2　儒鴻（1476）基本面加持 股價呈多頭走勢

　　2013年10月起，投資人可沿著10日線附近布局

　　2013年12月後，股價正式跌破10日線，且10日線下彎，離場

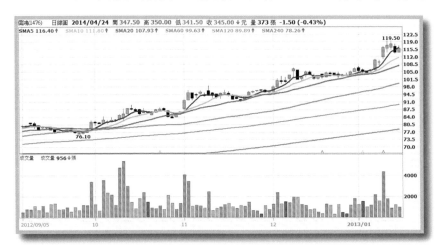

資料來源：嘉實資訊

四、弱勢股的特色

　　所謂弱勢股是指股價在一段時間中，頭也不回的一直下跌，大部分的情形、成交量會快速萎縮，有時候會產生窒息量。此時市場對這一檔股票視之如糞土，有的人急於賣出，沒有的人不想進場，甚至放空。以大盤而論，當股市已經漲了一段以後，個別股價漲不上去的家數越來越多，大部分投資人或自己手中的股票開始跌回去的時候，代表市場上人氣開始衰退，動力逐漸缺乏，應該是賣出獲利的時機。

　　大家常說「股票市場漲時重勢，跌時重質」，一直下跌的股票，肯定是基本面出了變化，投資人信心崩潰，法人不斷賣出，散戶沿路停損，大股東不願出手買進，甚至加入賣出行列。

　　弱勢股通常會伴隨著重大利空消息，市場上一面倒，投資人心生恐慌，義無反顧的狂砍股票。如果賣方積極賣出，買方遲遲不願進場，就會形成無量下跌的情形，有時候會跳空跌停。如果賣方積極賣出，買方也積極進場，但是賣壓仍然大於買盤，會形成帶量下殺，投資人沿路套牢，屍橫遍野。

　　在技術線型上，可以看到股價被5日線或是10日線壓得死死的，以45度角的走勢向下。短期內股價跌勢凌厲，投資人不願意面對現實，承認損失，認為不賣就不會實現虧損，投資人會選擇

弱勢股通常會伴隨著重大利空消息，
市場上一面倒，投資人心生恐慌，
義無反顧的狂砍股票。

性的聽好消息或是乾脆不看，甚至自我安慰，這是鴕鳥心態，其
實你的財富已經在縮水了。

■ 圖3-4-3　宏達電（2498）營收獲利下滑，股價呈空頭
　　　　　走勢

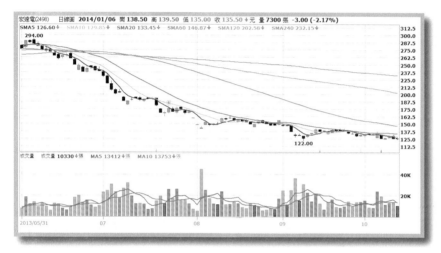

資料來源：嘉實資訊

五、投資實例－殺低弱勢股的投資策略

　　投資人面對弱勢股，只有一個想法就是賣出，千萬不要逆勢
攤平，否則會越攤越慘。首先，投資人要確定該股票是弱勢股，
最簡單的方式就是看股價走勢，當你發現該股股價一波比一波
低，高點越來越低，低點也越來越低，移動平均線都下彎，那就
是弱勢股。另外，你也可以拿該股股價和大盤做比較，如果大盤
在漲，該檔股票在跌；或是大盤在小跌，該檔股票在大跌；或是
大盤在大跌，該檔股票在跌停，這些都表示該檔股票是弱勢股。

　　賣出的策略有兩種方法，一種是直接砍股，另一種是逢反彈減碼。所謂直接砍股，就是用市價賣出；逢反彈減碼，就是股價反彈到壓力區後，賣出股票。投資人不願意賣出弱勢股的最大原因是「怕賣出後股票上漲」，最後陷入死胡同，滿手弱勢股。在投資心法上要有不怕賣錯的決心，要秉持「寧可賣錯、也不要套牢」的信念，才能在股市中存活。

■ **圖3-4-4　宏碁（2353）營收獲利下滑，股價呈空頭走勢**

股價一波波低，60日線無法有效突破

股價逢高接近60日線都是賣點

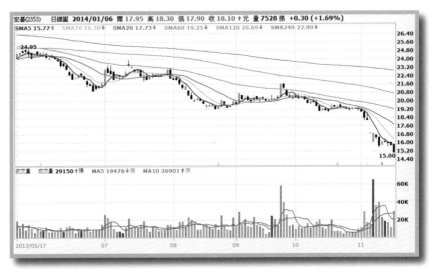

資料來源：嘉實資訊

3-5
逢低買進、逢高賣出的操作策略

一、定義

散戶不同於一般機構投資人，因為他們資金有限，且財經知識不如投資市場的專家，所以散戶常會是市場主力坑殺的對象。因此，一般投資人要謹守投資的原則，才能在股票市場投資致富。

有些散戶只相信千線、萬線，不如一條內線，多半只注意打聽消息、明牌，而不願花功夫去做功課。對所投資公司的營收、獲利等基本面資料，完全視若無睹，或欠缺解讀能力。其實散戶聽到的消息大多已是第N手，如果欠缺獨立判斷能力，早晚死路一條。有些投資人常常在股票被套牢之後就選擇長抱不動，以長期投資的假象來犧牲投資的流動性，這種鴕鳥的心態十足可議，如果抱的是績優股，還能以「時間換取股價」等待解套；如果持有的是沒有前景的股票，則只有終身套牢的命運。

一般投資人都想「買在最低點、賣到最高點」，問題是甚麼價位是最低？甚麼價位是最高？如果投資人能買在相對低點，賣在相對高點，就算是萬幸了。如果能夠運用逢低買進、逢高賣出的買賣策略，就能低買高賣賺取差價。

這種方式適合基本面佳，同時又有股息殖利率保護的股票，如果該檔股票處於對的產業，且使該產業的龍頭股，那就更能運

用此一策略。這種策略也適合運用在權值股、景氣循環股或是指數型基金。這種投資策略有下列三種模式,分別是:定時定額投資法、定價定額投資法、三角形投資法和固定市價投資法。

二、定時定額投資法

這也是基金公司教導投資人的方法,定時定額是可以降低投資的成本,避免因單筆投資套牢在高點,但有部份投資人最後反而以賠錢收場,探究其原因,在於投資人選錯標的,還有策略錯誤。用定時定額投資法,投資標的相當重要,基本上以產業龍頭股或指數型基金ETF為主,因為這些標的不會倒。其次投資人要有長期投資的準備,遇到行情下跌反而要有信心往下加碼,千萬不可停損出場,反而是在有超額獲利時要一次性停利出場,也就是要有「停利、不停扣」投資邏輯。

定時定額投資法運用時間間隔,在一段時間中分段買進股票;在每段時間中,運用相同的金額購買股票,通常能有效降低時機研判錯誤所產生的風險。正因投資人以相同資金分段買進一種或一組股票,資金的劃分成為平均投資法的重心。尤其在股價低檔時,投資人可買進大量股票,此法更具效用。而當股價上漲時,運用平均投資法的投資人,其平均成本會比股價水準為低。

運用這種投資策略有四個原則,第一是選對標的,如果選到地雷股,定時定額投資法,最後的結果是滿手套牢的股票,痛不欲生;因此,基本面佳的權值龍頭股為首選,千萬不要買進投機性的小型股。第二點是開始買進的時點,宜在景氣循環的最低點,這樣風險性比較低。第三是要有恆心和毅力,當股價往下時,一般投資人會有恐懼心而停止投資,因此錯失低價買進的機

會。第四點,當獲利以後,要找適當的時點一次出清持股,獲利了結,千萬不要捨不得賣,而錯失獲利的機會。

　　以下是定時定額投資法的範例,投資人每個月月底買進一張股票,經過6個月以後平均成本是59.5元,當股價超過59.5元後,投資人就要開始思考如何獲利了結。

■ 圖3-5-1　定時定額投資示意圖

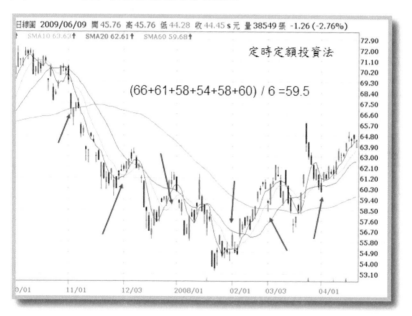

資料來源:嘉實資訊

■ 表3-5-1 定時定額投資法的投資邏輯

投資策略	定時定額投資	單筆投資
投資邏輯	長期佈局	買低賣高
條件	長期資本能力	預測市場能力
本質	賺時間財、風險規避	賺機會財、風險偏好
機會	長期致富	快速致富
風險	投資停止	財富損失
應用	停利不停損	停利停損

資料來源：投信公司

三、定價定額投資法

　　股票投資的風險分為時間風險和價格風險，所謂時間風險就是持有期間越久，風險越高，持有時間短，風險較低；價格風險是指價格漲跌的風險，價格跌越深，風險越大，跌得少甚至上漲，風險越小。

　　面對時間風險的策略，可以用定時定額投資法去克服；面對價格風險的策略，可以用定價定額投資法去克服。所謂定價定額投資法，就是在買進股票時，先設定每隔一定的價格買進等量的股票，例如：宏碁（2353）當時股價為30元，投資人往下每隔2元買進1張，也就是，股價如果跌到28元、26元、24元、22元、20元……逢低各買進1張，如此購買成本為平均成本，投資人的

成本會相對的便宜。

定價定額投資法可分為一般型和加碼型，所謂一般型就是往下買，但是買過的價位再來時，就不買了，如圖3-5-2投資人分別在70元、65元、60元、55元各買1張，最後共買進4張平均成本62.5元。加碼型也是往下買，當買過的價位再來時，還是要買，下圖投資人分別在70元、65元、60元、55元買進，最後共買進11張平均成本60.9元。

定價定額投資法和定時定額投資法的原則是相同的，唯有堅持這四大原則，採用定價定額的策略才會成功。

■ 圖3-5-2 定價定額投資法 一般型

日線圖 2009/06/09 開 45.76 高 45.76 低 44.28 收 44.45 s 元 量 38549張 -1.26 (-2.76%)
SMA10 63.63↑ SMA20 62.61↑ SMA60 59.68↑

(70+65+60+55) / 4 =62.5

資料來源：嘉實資訊

■ 圖3-5-3　定價定額投資法 加碼型

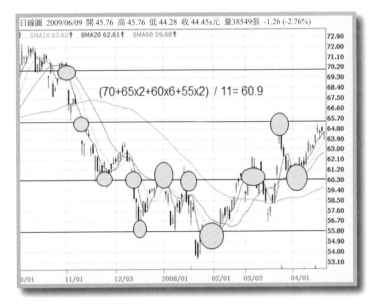

日線圖 2009/06/09 開 45.76 高 45.76 低 44.28 收 44.45s元 量38549張 -1.26 (-2.76%)

SMA10 63.63↑　SMA20 62.61↑　SMA60 59.68↑

$$(70+65×2+60×6+55×2) / 11 = 60.9$$

資料來源：嘉實資訊

四、三角形投資法

　　三角形投資法是定價定額投資法的變種，他們之間的差異是在買進和賣出數量的搭配。定價定額投資法買進股票時，先設定每隔一定的價格買進等量的股票，賣出時一次出清。而三角形投資法是同時考量到買進和賣出時的數量，股價越低買越多張，股價越高賣越多張。

　　所謂三角形投資法，簡單的說就是正三角形方式買進，倒三角形方式賣出。三角形買進是在股價下跌的過程中一路向下買進，而且，隨著股價下跌的每一階段，買進的數量不斷增加。當股價回升時，則逐漸減少買進的數量。從買進股數及價位的分布

狀況看，上述買進形態呈正三角形，故稱之為正三角形買進。

　　倒三角形賣出則是在股價上漲的過程中一路向上賣出，賣出的數量隨股價的上漲而增加，一直到將持有的股票賣光為止。由於賣出的股數及價位分布呈倒三角形，故稱之為倒三角形賣出。

　　如圖3-5-4以50元為基準，當進場時就設定好買進和賣出價位及其張數。例如：往下每隔1元買進，49元買進1張、48元買進2張、47元買進3張、46元買進4張、45元買進5張，共買進15張，每張成本為46.33元；往上每隔1元賣出，51元賣出1張、52元賣出2張、53元賣出3張、54元賣出4張、55元賣出5張，共賣出15張，每張成本為53.66元，最後獲利為109,950元【＝（＄53.66－＄46.33）×15張】

■ 圖3-5-4　　三角形投資法

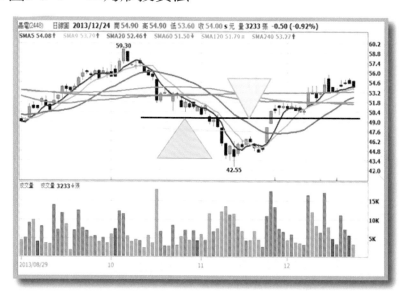

資料來源：嘉實資訊

五、固定市價投資法

固定市價投資法是指投資組合中，股票的市價保持常數。當股票上漲時，投資人必須及時賣出部分股票，使持有股票部分的市價維持常數。股票下跌時，投資人必須再買進股票，使持股的市價等於這個常數。簡言之，就是維持持有股票的總市值在一定「價位」，以持有股票總市價的增減決定買進或賣出，這樣的方式可以讓投資人在股價下跌時勇於進場，在股票上漲時勇於賣出部分持股。

至於投資標的，可以選擇單一股票或是一籃子股票，但是當股票選定後，就不能再任意更換其他股票，例如：某一投資人認為台積電（2330）是績優公司願意長期操作，可採用此一方式專心來回操作台積電。另一位投資人決定他的一籃子股票的持股明細是台積電（2330）、台塑（1301）、中鋼（2002）三檔股票，他也可運用此一投資邏輯，來回操作這三檔股票，但不能換股。因此在標的股的選擇上，要以穩健的績優股為主。

例如，某一投資人投資200萬元購買股票，若股價上漲，使得他持有的股票總市價上升到240萬元，則他應出清手中40萬元的持股。若股價下跌，使得他持有的股票總市價下降到180萬元，則他應該再拿出20萬元來購買股票。此法最大的優點是簡單，易於執行。投資人容易決定買進賣出的數量，不必預測股價可能上漲到什麼程度。唯此法在量大的急漲急跌時容易造成失誤。

■ 圖3-5-5　固定市價投資法

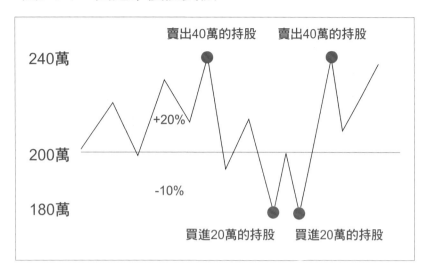

資料來源：作者整理

六、投資實例－逢低買進、逢高賣出的操作策略

　　我們以台積電（2330）為例來說明逢低買進、逢高賣出的操作策略。首先台積電（2330）在2014年1月16日召開法說會，關於2014年全年營運走向，台積電董事長張忠謀表示，去年為台積營收、獲利雙創新高的一年，今年營收、獲利也可望雙雙繳出雙位數成長。他更指出，Q1會是台積全年營運的低點，而Q2營運會「更旺」（stronger）、Q3營運則將「再強勁點」（stronger yet），甚至Q4還會比Q3「再強一些」（even stronger），意味台積在20奈米放量、行動通訊裝置需求依然暢旺的帶動下，今年營運可望繳出逐季向上的強勢格局。此外，張忠謀也釋出台積今年的資本支出將落在95～100億美元之間，與去年持平。由於台積電的公司營運透明度很高，可以將台積電視為「逢低買進、逢高

賣出的操作策略」的投資標的。

我們分別以「定時定額投資法、定價定額投資法、三角形投資法和固定市價投資法」來擬定策略。

1. 定時定額投資法：每月月初買進2張，報酬率超過14%，一次出場

2. 定價定額投資法：以105元為基礎，往下每跌1元買進1張，報酬率超過14%一次出場

3. 三角形投資法：以105元為基礎，買進策略為往下跌2元（103元）買進1張，往下再跌2元（101元）買進2張，往下再跌2元（99元）買進3張，以此類推；賣出策略為，往上漲2元（107元）賣出1張，往上漲2元（109元）賣出2張，往上再漲2元（111元）賣出3張，以此類推。

4. 固定市價投資法：在台積電100元時，準備100萬買進台積電10張。當股價上漲，總市值超過130萬元，賣出30萬元的持股；當總市值低於80萬元，買進20萬元的持股。

■ 圖3-5-6　台積電（2330）走勢圖

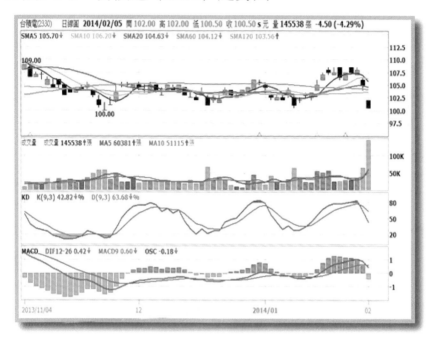

資料來源：嘉實資訊

3-6
賣出持股的投資策略

一、定義

　　「買股票容易，賣股票難」，一語道破股市操作技巧的重要性。買入股票後，應該在心中預設「獲利點」與「停損點」。當股價漲至獲利點時，即獲利了結；當股價跌到停損點時，即忍痛賣出。沒有一個投資專家每次投資時皆能買到最低點，賣到最高點。投資人的最高原則是大賺小賠，總體而言仍是賺錢。

　　投資人為什麼覺得賣股很難，因為怕賣錯，怕賣掉後股票仍然上漲，特別是賣掉後，股價當天漲停板，絕對是後悔不已，如果接連幾天看到股價扶搖直上，肯定要去撞牆。投資人要想，當你把股票賣掉後他的漲跌並不影響你的財富，只會影響你的心情，財富是實際的東西，心情可以隨投資的成熟度去調適。

　　投資股票有一個很重要的心法就是「捨得」有捨才有得。捨得賣股才能落袋為安，如果不捨賣股，就會陷入賣股的惡性循環中。當投資人買進股票賺錢時，因為捨不得賣股，而錯失賣出時機；當投資人買進股票賠錢時，因為怕賠錢而不忍賣股，認為只要不賣股，就不必承認損失，結果虧損越來越大。

　　其實在股海中投資，就像漁船到大海捕魚，一半靠技術和經驗，一半靠運氣。運氣是無法掌握的，但是經驗和技術可以靠不斷的學習和實做，來累積自己的能量。漁船出海有時抓到大魚、

滿船豐收，有時候抓不到魚、白忙一場，有時可能翻船人財兩失；投資股票也是一樣，抓對時機賺到錢，要心懷感恩，不要過度自信；看錯行情賠錢出場，也不要太自責，投資股票誰沒賠過錢，連投資大師索羅斯、巴菲特、羅傑斯都會看錯行情。

　　漁民是看天吃飯的，出海打魚要先看天氣，風和日麗的天氣出海捕魚或多或少會有收穫，如果颱風天就留在港口等時機，千萬不可冒險出海，萬一「船毀人亡」那可就麻煩大了。投資股票也要看景氣面，景氣回升，股價長多走勢，投資人進入股市投資，只有大賺和小賺之分；一旦景氣反轉向下，股價開始走空頭，千萬別想要搶反彈，或想要賺點蠅頭小利，快快收起你的資金，回到港口避風頭，多少人因為沒做好風險控管而在股海中滅頂。所以一旦行情反轉向下，無論是停利或停損，都是必要的策略，萬一賣錯也沒關係，至少「人在、錢在」，將來都還是有賺錢的機會。

二、停損點賣出策略

　　為何要設停損點，顧名思義「停損」就是停止損失，避免損失擴大，也就是我們常說的「棄車保帥」、「斷尾求生法」。買入股票後股價隨之下跌，此時一般人會認為只是小幅拉回而已，自己的運氣應該不會那麼差吧！結果事與願違，股價一路下挫。面對這種情況，如果不停損賣出，可能的下場是長期套牢。

　　「留得青山在，不怕沒柴燒」，此話可為停損賣出作最佳的註腳。大多數投資人在股票套牢後，通常不願意賠錢賣出，對未來仍抱著一絲希望。如果手中仍有現金，可分批向下承接，攤平成本，一旦股價反轉向上，可早日解套。一般散戶的資金不多，

低檔買進攤平的操作策略並不容易。因此，如果不知何處是低點，則不妨運用停損點，將風險控制在可承受的範圍內。

　　停損點的設立可依據技術分析的線圖分析或是技術指標來去設定，雖然說技術分析不是百分之百正確，但是卻是投資人可以依據的準則，停損點可依下列準則。

1. *當股價跌破重要支撐時，停損賣出：所謂「重要支撐」是指某個價位經數度測試，當股價跌至此價位時皆可守住；可是一旦跌破，將有一大段跌幅。*
2. *可把停損點設在波段的1/3、1/2和2/3處，依據艾略特波浪理論，這三個點皆為重要關卡，一旦跌破將有一段跌幅。*
3. *移動平均線下彎：移動平均線代表趨勢，當移動平均線下彎代表趨勢向下，宜出清持股。*
4. *技術指標出現賣出訊號：例如KD、MACD、RSI等指標交叉向下，都可視為賣出訊號。*
5. *損失超過一定比率：例如損失超過5%、7%、10%，即刻停損出場。*
6. *當損失超過一定金額：例如5萬或是10萬或是15萬等立刻出場，避免損失擴大。*

■ 圖3-6-1　移動平均線下彎代表趨勢向下，宜出清持股

資料來源：嘉實資訊

■ 圖3-6-2　KD、MACD指標交叉向下，都可視為賣出
　　　　　　訊號

資料來源：嘉實資訊

■ 圖3-6-3 買進成本30元，股價跌到27元，損失超過
　　　　　10%，停損出場

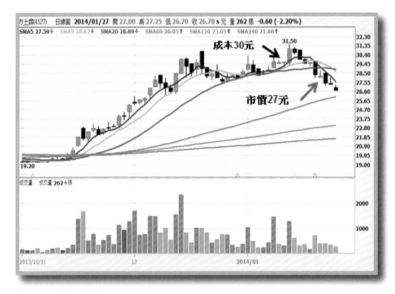

資料來源：嘉實資訊

三、停利點賣出策略

　　為何要設獲利點，買進股票之後，很幸運的股價上漲了，投資人心想到底要不要獲利了結？萬一股價下挫，不是該賺的沒賺到反而賠一筆？但是，賣出後股價仍持續上漲，那不是少賺一筆？

　　其實股價每天漲漲跌跌，只要不賣出，其損失或獲利皆是帳面上的；「獲利」就是讓帳面利益實現。一般投資人在股價上漲時，都會愈看愈高，期待有更高的賣點。運用獲利點可以克服人性的貪婪。

在股價運動的過程中，沒有一路飆升的狀況，再樂觀的行情也有反轉下挫的一天，力道再強的多頭市場也有獲利回吐的一天。因此買入股票時就應設定獲利點，股價到達獲利點時即賣出持股，落袋為安。

停利點的設立和停損點的設立相同，可依據技術分析的線圖分析或是技術指標來去設定，雖然說技術分析不是百分之百正確，但是卻是投資人可以依據的準則，停利點可依下列準則。

1. 當股價跌破重要支撐時，停利賣出：所謂「重要支撐」是指某個價位經數度測試，當股價跌至此價位時皆可守住；可是一旦跌破，將有一大段跌幅。

2. 可把停利點設在波段的1/3、1/2和2/3處，依據艾略特波浪理論，這三個點皆為重要關卡，一旦跌破將有一段跌幅。

3. 移動平均線下彎：移動平均線代表趨勢，當移動平均線下彎代表趨勢向下，宜出清持股。

4. 技術指標出現賣出訊號：例如KD、MACD、RSI等指標交叉向下，都可視為賣出訊號。

5. 獲利超過一定比率：例如獲利超過10%、20%、25%、30%，即刻停利出場。

買入股票時就應設定獲利點，
股價到達獲利點時即賣出持股，
落袋為安。

■ 圖3-6-4　買進成本20元，市價達25元獲利超過25%，
　　　　　停利出場

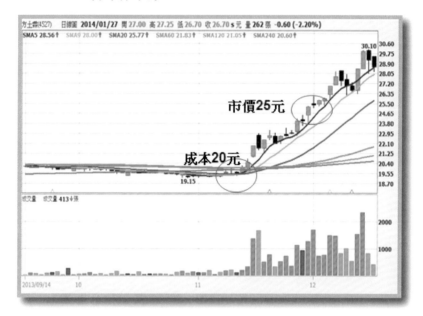

資料來源：嘉實資訊

四、浮動式賣出策略

　　所謂浮動式賣出策略是不考量技術分析的工具，是依據獲利
率來設定賣出價，將停利點設在市價的下方，停利點的設定可隨
市價浮動調整，如果點到價格立刻出場。我們以下圖為例，當投
資人低檔買進股票後，若股價漲到25元，將停利點設在20元，結
果很幸運的股價沒到20元就拉高到30元，此時將獲利點上調到25
元，但是股價沒有接近25元，就快速上攻到45元，此時投資人在
將獲利點上調到32、40元，股價一再衝高到60元，投資人又上調
獲利點到53元，最後股價下跌，跌破53元，投資人在53元停利出

場。至於停利點要設在市價下多少呢？那就要看投資人的風險承受度，承受度低的停利點要離市值近一點，承受度高的停利點可以離市值遠一點。

■ 圖3-6-5　浮動式賣出策略示意圖

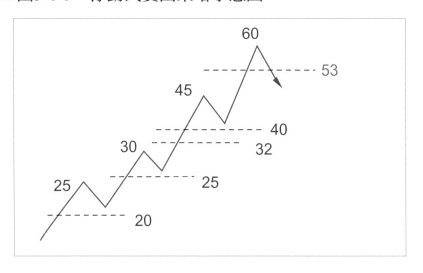

資料來源：作者整理

五、強勢股的賣出策略

　　當投資人買到強勢股，股價扶搖直上，股價漲越高，投資人越不知如何賣股，此時投資人可擬定賣出策略，例如：股價三日不創新高、股價跌破10日移動平均線、10日移動平均線下彎、20日移動平均線下彎、5日和10日移動平均線交叉向下，這些指標皆具參考價值。投資人也可依據這些指標出現的先後，分批賣出，不用一次出清。下圖可以知道，該投資人是依據：股價三日

不創新高、10日移動平均線下彎、20日移動平均線下彎等訊號，
分3批出貨。

■ 圖3-6-6　股價三日不創新高、10日移動平均線下彎、
　　　　　 20日移動平均線下彎等訊號，分3批出貨。

資料來源：嘉實資訊

六、投資實例－賣出持股的投資策略

　　投資人在2014年初，分析LED產業，發現照明需求從2013年
下半年開始快速成長，估計LED照明滲透率2014年將達19%，到
2017年則可達45%，市場看好LED照明需求，可望在2014年扮演
LED產業新動能，並於2014年引領LED廠商重返營收及獲利成長
趨勢。晶電為晶粒製造商，為LED上游龍頭廠商，2013年總合併

營收為222.5億元，年增11.63%，也創下歷史新高，2013年前3季營業利益亦呈逐季好轉趨勢。

投資人進場買進晶電（2448），股價也如期上漲，但是投資人仍要擬定賣出策略確保獲利。投資人決定將離場分3部分並確實執行，當日KD交叉往下，處分1/3持股；20日移動平均線下彎，處分1/3持股；MACD跌破0軸，處分1/3持股。

另一位投資人也買進晶電，此時帳上獲利50萬元，他採用浮動式的賣出策略，來擬定出場策略，當帳上獲利低於40萬，就出清持股；結果股價持續上漲，帳上獲利70萬元，他調整賣出策略，當帳面上獲利低於60萬元，就出清持股。

■ 圖3-6-7　晶電（2448）日K線走勢圖

資料來源：嘉實資訊

第 4 章

風險控管：
如何決定
投入資金多少

4-0
股票風險控管總表

■ 風險控管第一步：依據年齡和手中現金來決定投入股
市的資金

年齡 手中現金	青年期 22〜30歲	成年期 30〜45歲	成熟期 45〜55歲	穩定期 55〜65歲	退休期 65歲以上
50萬 （含以下）	90%	90%	90%	70%	50%
100萬	80%	80%	90%	70%	50%
500萬	70%	80%	90%	60%	50%
1,000萬	60%	80%	90%	70%	40%
2,000萬	50%	60%	70%	60%	30%
4,000萬	40%	50%	60%	50%	20%
社會階段	單身、年輕、新婚	婚後有較年幼的小孩	有家庭負擔	家庭負擔漸輕、準備退休	退休養老
經濟狀況	開始有收入及儲蓄	經濟漸趨穩定	收入超過支出	事業及薪水已達顛峰	固定收入來源作為養老的費用
理財目標	• 積極創造財富	• 注意投資收益與稅捐的關係 • 以購屋為主要目標 • 追求較高獲利	• 為子女儲蓄教育基金 • 兼顧收益與成長的平衡 • 至少10年才退休，有能力作均衡投資	• 調整投資組合比重 • 為退休預作準備 • 減低積極性之投資 • 著重於收益型投資	• 投資以保本安全為主
風險承擔能力	中高	高	高	中	低
投資期間	長期資金（5年以上）	長期資金（5年以上）	中長期資金（3至5年）	長期資金（1至3年）	長期資金（1年以內）
獲利期待	高報酬	高報酬	中高報酬	收益	保本

■ 風險控管第二步：依據市場情況調整投入資金

	增加持股	減少持股	
大盤指數	□7000點以下	□10000點以上	http://www.cnyes.com/twstock/idx_flashchart/0000T.htm
	□6000點以下	□9000點以上	
	□5000點以下	□8000點以上	
	□4000點以下	□7000點以上	
移動平均線	□MA10、20交叉往上	□MA10、20交叉往下	
	□MA20、60交叉往上	□MA20、60交叉往下	
	□MA120、240向上	□MA120、240向下	
	□強勢行情沿MA20往上走	□弱勢行情沿MA20往下走	
成交量	□日成交量500-600億以下	□月成交量4兆	
	□價漲量增、價跌量縮	□股價與成交量高檔背離	
三大法人	□持續買進	□持續賣出	http://www.cnyes.com/twstock/idx_institutional/0000T.htm
融資	□日融資暴減	□日融資暴增	http://www.cnyes.com/twstock/idx_margin/0000T.htm
	□融資減幅大於大盤減幅	□融資創新高、股價不創新高	
	□融資斷頭後		
KD	□月KD、周KD交叉向上	□月KD、周KD交叉向下	http://www.cnyes.com/twstock/idx_flashchart/0000T.htm
	□月KD跌破20	□月KD突破80	
	□日KD和股價低檔背離	□日KD和股價高檔背離	
MACD	□MACD零軸以上	□MACD零軸以下	
	□MACD、DEF交叉往上	□MACD、DEF交叉往下	
新聞	□利空不跌	□利多不漲	http://news.cnyes.com/
	□利空出盡	□利多出盡	http://www.cnyes.com/report/rsh_stock_tw.aspx

計算公式：
可投入股市總金額 X（增加持股項目／(增加持股項目＋減少持股項目)）＝應投入股市金額

4-1
風險控管總論

　　投資股票面臨的最大風險就是股票價格下跌,當股票下跌,資產縮水,投資人就心裡不舒服。其實,投資股票賠錢是正常現象,不是只有散戶,大股東、法人、主力作手,這些在資本市場上具有優勢的投資人也會賠錢。我們常聽人家說「怕熱就不要進廚房」,進廚房被熱到、被燙傷實屬正常。同理,如果怕賠錢就不要進股市。

　　當你進入股票市場就焦慮不安,表示你不適合進入股市,身心不平衡的人從事證券投資十分危險,輕鬆的投資才能快樂地獲利。保持身心在一個愉快的狀態上,精、氣、神、腦力保持良好的狀態,使你的判斷更準確。會因股市下挫而心情沮喪,怨天尤人的投資者,基本上就不適合於股票操作。如果你進入股市後,股價的漲跌影響你的情緒,讓你吃不下飯,睡不好覺。股價跌就脾氣暴躁,股價漲就眉開眼笑,那我還是勸你不要投資股市,以免影響你的生活品質。投資人對股市的波動要有基本了解,保持愉悅的身心,才是面對股市漲跌的基本態度。

　　股價下跌並不可怕,可怕的不知如何將風險控制在可承受的

　　當你進入股票市場就焦慮不安,表示你不適合進入股市。

範圍，法人機構比一般散戶技高一籌的，就是確實執行風險控管，風險控管做得好，可以讓投資人「賺多賠少、賺大賠小」，最後總結是賺錢。投資股票就像做生意，不可能每一筆生意都賺錢，做生意總是「抓長、補短」，有賺有賠，總體而言是賺錢就好了。

控管風險的方法有兩種，一種是股價的控管，另一種是投入金額的控管。股價的控管，就是善設停損點和停利點；投入金額的控管可分為投入股市資金的控管、持股百分比的控管和單一股票持股的控管。

在投入股市資金的控管方面，投資人可依據個人的風險承受度、年齡、資產、收入決定投入股市資金佔總資產或佔總現金的百分比，這是以大格局的方式來規劃個人資產配置。另外投資人也要規劃持股百分比，所謂持股百分比是指買進股票佔投入股市資金的百分比，看好台股走勢，增加持股比率，看壞台股走勢，減少持股比率。最後是單一股票持股的控管，他又可區分為：買入單一股票佔持股的百分比、持有相同產業的股票比重和同時持有幾檔股票的上限。

成功在於決斷之中，許多投資者心智鍛鍊不夠，在剛上升的行情中不願追價，而眼睜睜地看著股票大幅上漲，到最後才又迷迷糊糊地追漲，結果被套牢在最高點，叫苦連天。當股票下跌時，不忍心停損，跌到慘不忍睹的時候，才砍到最低點，結果又是怨聲載道。因此，投資人心中應該有一把「劍」，該買時就按照市價買入，該賣時就按照市價賣出，免得事後後悔。猶豫不決是投資失敗的罩門，擬定投資的策略後，就要確實地去執行。

當然再好的風險控管規劃也要去執行，很多人在股市中一再

犯錯誤，其原因主要在於缺乏嚴格的自律控制，很容易被市場假象所迷惑，最終落得一敗塗地。所以在投入股市前，應當培養自律的性格，使你在別人不敢投資時仍有勇氣買進；自律也可使你在大家企盼更高價來臨時賣出，自律還可以幫助投資者除去貪念。例如，你對股價的原則是跌幅超過10%就停損，當股價跌幅真的到了這個價位，你就要義無反顧的停損出場，沒有任何理由，這就是紀律。

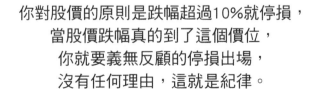

你對股價的原則是跌幅超過10%就停損，
當股價跌幅真的到了這個價位，
你就要義無反顧的停損出場，
沒有任何理由，這就是紀律。

4-2
股票市場的風險控管

一、風險控管的重要

　　有許多投資人為了一夜致富，向親友或銀行借錢買股票，再向券商融資，在雙重槓桿的影響下，理財的風險快速地增加。台灣還有不少股市投資者也參與股票指數期貨及選擇權的操作，這些衍生性商品的投資，只要付出少許保證金即可投入，因此財務槓桿超過10倍以上。倘若這些原始保證金也是借來的，那麼理財的風險會如滾雪球般越滾越大，一旦股市崩盤將會衝擊你的人生，因此你要心臟夠強才能從事期貨與選擇權的操作。

　　所以在進行投資前，必須詢問自己是否有能力承擔失敗的後果。我一直反對一般投資者融資買股，更不要拿居住的房屋向銀行抵押借款，避免過度的財務壓力。時下有些年輕人透過現金卡借款來投資股票，除了必須支付高額的利息之外，也承擔很高的財務風險。其次，配置適當的投資組合也是重點，一般的投資者投資股市的金額最好不要超過可運用資金的一半，例如你有閒置資金200萬，投資股票最好不要超過100萬。畢竟個人理財「爭的是千秋，而非眼前的短暫」。留一半可運用資金在銀行存款，避免讓你的生活過度暴露在股市的風險中。

　　此外要有承認失敗的勇氣，很多投資者的行為是將有賺的股票賣掉，讓自己的心情愉快，賠錢的股票則繼續抱著，希望有朝

一日，股票上漲還本，然而事實上卻是抱越久虧損越多，這就是一般投資人的通病，不願意面對投資虧損的事實。當股市越跌越深時，投資者不甘心套在高點，到處借錢，希望往下攤平降低成本，有親友借到沒有親友，最後甚至破產，以致於房屋被銀行查封。當你面臨上述的抉擇時，寧願承認失敗退出股市，來保住基本的家庭生活。

最後，要時常提醒自己，理財基本原則是追求「財務尊嚴」，而非賺取最多的金錢。如果投資者為了想賺最多的錢，投資風險一定與日俱增，那麼只要遇到一次崩盤，後果將淹沒你的家庭。透過設定適當的投資組合，避免過度槓桿，具備承認失敗的勇氣，在長期理財規劃下，賺取適當的金錢，過著風險控管的人生，這就是財務尊嚴最佳寫照，畢竟留一條後路給自己，才是理財的根本之道。

二、股票資產的配置

這個問題是你有多少錢、你對風險承受度和對於股市的認知等變數，每個人的百分比都不同。通常衡量的比例有兩種，一種是投入股市的資金佔你總資產的百分比，第二種是投入股市的資金佔你現金的百分比。

1 投入股市的資金佔你總資產的百分比法

所謂「投入股市的資金佔你總資產的百分比」是以你的總資產為分母，例如你的總資產有2,000萬，總資產包含不動產、現金、債券和股票等，你願意拿出多少錢放在股市。通常這是比較積極的作法，願意承擔高風險，甚至願意借錢買股的人，可

以用這種方式來做風控。如果你的總資產有2,000萬，你願意拿1,000萬來投資股市，你投入股市的配置是50%，如果你的總資產有2,000萬，你願意拿500萬來投資股市，你投入股市的配置是25%；如果你的總資產有2,000萬，你願意拿200萬來投資股市，股市佔你的配置10%。

　　以下是某一投資人正以這種方式來配置自己的資產，在他的規劃中不動產占38%、定存占20%、保險占11%、股票占20%，由此看來他是一個保守的投資者，這樣的配置把投資股票的風險控制在總資產的20%以下，萬一投資股市失利，也不會影響他的生活。

■ 圖4-2-1　依據總資產的配比，決定投入股市的資金

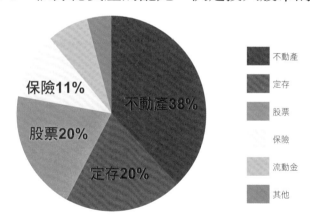

2 投入股市的資金佔你現金的百分比

　　第二種是投入股市的資金佔你現金的百分比，這是比較保守的策略，也就是用閒錢投資。例如：你的現金有500萬，現金包含現金、銀行存款和股票等，你願意拿出多少錢放在股市。如果

你的現金有500萬，你願意拿400萬來投資股市，你投入股市的配置是80%，如果你的總資產有500萬，你願意拿200萬來投資股市，你投入股市的配置是40%；如果你的總資產有500萬，你願意拿100萬來投資股市，股市佔你的現金配置20%。

對於一般投資人而言，我建議採用第二種方式來控制你投資股市的金額，這是以閒錢方式投資股市的概念，比較保守，但能有效地做到風險控管。至於投入的資金取決於每個人的情況而有不同。考量的因素有手中現金、家庭開銷、年齡、風險承受度等，以下是一個粗略的參考表，投資人可依據自己的情況來微調。

三、投資實例－專職投資人的股市資產配置

很多投資人在上班時會把投資股市當成是理財的一環，當他們離開職場或是退休後都希望成為專業投資人，其實當一個專業投資人不容易，除了心智的成熟外，資金的控管也相當重要。

投資人要有一定的現金部位，操作的資金當然是多多益善，如果是操作現股，大約準備300萬應該是足夠，假如以年度總報酬率20%，一年收入有60萬（300萬 × 20%＝60萬），大約等於一般上班族的年薪。當然這只是初步的試算，實際上運作是否能如此完美，以及每個人的生活需求不一，這都要視情況調整。

在無負債的情形下壓力較輕，不只是股市投資的本金沒負債，其他的債務比例也不宜太多，這樣你的壓力才不會太大，而影響自己投資股票的客觀性。另外，生活準備金約3年，最好能在前3年，準備一筆生活周轉金，這樣初期收入不穩定時才能支撐下去，不至於輕易放棄。

專職投資人可分為狹義和廣義的專職投資人，狹義的專職投

資人，就是有完全的決心，你的生活費主要來自股票和投資。如果是廣義的專職投資人，雖然表面上沒有工作，不過還有其他被動收入，例如：租金收入、退休金收入、利息收入等，這樣的模式當然更好，因為比較安心，你的投資會更容易成功。

投資股票是一門專業的工作，要把它當成事業，用心經營，並非看看盤就會成功。不管是技術分析、基本分析、新聞分析等投資專業技能，都應該熟練而且紀律的操作。專業投資人的人格特質很重要，必須有穩定的情緒和客觀判斷。能依照資訊和專業做出決策並執行，不容易因股價起伏，而做出不正確的判斷。

投資的路很孤獨的，在人際關係方面，要有一群投資股票的朋友，可以互相切磋，這樣才能不斷精進投資的專業度；也要有一群完全跟投資股票沒有關係的朋友，這樣才不會跟社會脫節。最後，足夠的社會歷練和經驗也很重要，人生的體驗 一方面可以幫助你在股票的學習快速，一方面不會讓你誤解錢是很容易賺到的。

投資股票不管是技術分析、基本分析、新聞分析等
投資專業技能，都應該熟練而且紀律的操作。

4-3
持股百分比的控管

一、持股百分比的定義

　　風險無法控制，但是可以控管，所謂控管就是不要讓損失擴大，達到自己都無法承受的情形，當你決定投入股市的資金佔你總資產的百分比或是投入股市的資金佔你現金的百分比後，接著就要考量你的持股比重了。也就是你投資股市的部位中股票和現金的比率，例如你投入股市的資金1,000萬，持股八成，表示動用800萬買股，保留現金200萬；，持股五成，表示動用500萬買股，保留現金500萬；持股二成，表示動用200萬買股，保留現金800萬，投資人可以依據自己對大盤和個股的看法來決定持股百分比。股票市場的風險控管的方法如下：

1 整體部位的控管：

　　所謂部位就是投資人面對的風險程度，假定投資人投入200萬元購買股票，他的部位就是正的200萬元，因這200萬元隨時有面臨跌價的可能性，又假定投資人融券放空股票300萬元，他的部位就是負的300萬，因這300萬元的融券，隨時可能因為股價上漲而造成損失。惟有將部位設定在可以忍受的範圍內才是明智之舉。很多投資人不甘願虧損擴大，反而再將自有資金投入股市，甚至借錢往下攤平來買股票，最後落的傾家盪產的命運。

　　假定投資人有1,000萬的資金準備投入股市，當景氣大好，股

價表現強勢，投資人可以把持股部位控制在九成，一成以現金持有；當股價處於盤整，投資人可以把持股部位控制在五成，五成以現金持有；當景氣衰退，股票處在空頭市場，投資人可以把持股部位控制在一成，九成以現金持有，這就是整體部位的控管，來降低風險。

② 資金流動的控管：

買入股票後第二個營業日為付款日，賣出股票後第二個營業日為收款日。雖然股票在所有金融工具中屬於流動性較高的投資工具，但仍要控制好資金的進出，應定期補登存摺，查閱資金進出與買賣交易資料是否吻合。每個月證券商都會寄出「月對帳單」供投資人查核，投資人不要嫌麻煩要仔細核對。

③ 信用交易的風險控管：

投資人運用融資、融券方式買賣股票稱之為「信用交易」。以信用交易方式操作股票可擴張投資人的信用，達到財務槓桿原理以小搏大的目的。但是擴大信用也擴大投資者的風險，若方向做錯，可能遭到斷頭。因此，對信用交易的額度與自有比率應設定一個限額。

二、股票市場的風險

一般而言，投資有價證券有二種風險，一種是系統風險，另一種是非系統風險。

系統性風險就是整個市場的風險，整個市場的漲跌影響到投資人的得失。系統性風險通常是由整體政治、經濟、社會等環境因素造成，如兩岸關係、景氣波動、匯率升貶、政治現況等因素

所影響，因此系統性風險為無法規避的風險，是無法藉由分散投資來降低風險，只能調整持股比率，增加現金減少持股，因為系統風險一旦發生，無論公司業績好壞，股價一律慘跌，當系統風險發生，「現金為王」的基本論調，確實可以讓投資人避開風險減少損失。例如：1997年的亞洲金融風暴、2000年的Y2K高科技風暴、2007年的美國次級房貸風暴，都是屬於系統風險。由於股價一再重挫，投資人眼見財富縮水，為了避免損失擴大，紛紛拋出手中持股，甚至連續優股也不惜出脫，此時投資人只為了取得現金，保有流動性。系統風險也有可能是單一產業，例如：2009年股價回升，但是太陽能產業在油價下跌的陰影下，整體表現不佳；又例如：1995年台灣房地產崩盤，資產類股和金融類股的表現比大盤來的差。

　　非系統風險就是個別公司經營績效影響該公司股價表現的風險，故即便在多頭市場，公司經營不佳也會使股價下跌。非系統性風險則是個別公司獨有的風險，公司股價會因公司經營管理，財務或意外狀況影響，例如：訂單爭取失敗、新產品開發進度落後、商業糾紛、訴訟等特殊事件，非系統風險可利用分散投資方式加以規避。例如：2002年東帝士集團因為資金周轉不靈而跳票，投資人損失慘重；又例如：2003年博達科技爆發做假帳風波，股票因而下市；又例如：2007年全球景氣快速成長，但歌林公司因為被美國經銷商倒帳，提列大幅虧損，公司因而下市；又

系統性風險為無法規避的風險，
是無法藉由分散投資來降低風險，只能調整持股比率。

例如：2009年1月，法院判決遠東百貨（2903）入股台北太平洋SOGO百貨有疑慮，遠百股價因而無量下跌。上述例子都是非系統風險。

■ 圖4-3-1　2008年全球景氣下滑，系統風險產生，台股重挫

資料來源：嘉實資訊

三、持股百分比的規劃

　　持股百分比的策略是在規避系統風險，當景氣下滑，大盤指數下跌，投資人減少持股，可降低風險；當景氣上揚，大盤指數上漲，投資人增加持股，可以增加報酬率，基金經理人就是用這樣的方式來控管基金的風險。

　　但是對於一般散戶而言，這個基本觀念要落實確實有一些困

難，首先是散戶搞不清楚現在的景氣是好是壞，接著是執行上的不落實。因為當股價下跌時，投資人不願意面對損失，所以沒辦法降低持股；當股價上漲時，投資人沒有勇氣追價，所以沒辦法增加持股。

另外，投資人會有迷思，認為大盤漲跌將會完全影響個股股價，因此當看壞大盤走勢，就賣出手中所有股票，等到大盤落底後才會買股；當看好大盤走勢，就搶進看好的股票，加碼到滿檔。這種觀念有部分正確，部分不正確。因為個股的股價除了受大盤影響外，也會受到個股基本面和消息面的影響。所以說，我們對大盤的看法，只影響到我們的持股比重，並不影響買賣股票的時機。

其實投資人可以藉由大盤的技術分析指標來決定持股比率，當技術指標偏向樂觀時增加持股，當技術指標偏向悲觀時減少持股，這是機械化的操作方式，避免人為情緒影響持股決策。

以下是我們歸納出7大類指標，分別是大盤指數、移動平均線、成交量、融資水位、KD、MACD和個股新聞等來判定持股百分比。投資人可以調出大盤的技術分析日線圖，然後依據下表所顯示的細項勾選，把「增加持股」項下，勾選到的數量，加上「減少持股」項下，勾選到的數量，得到的數字當分母，把「增加持股」項下，勾選到的數量當分子，就得到持股百分比。

例如某一時點，投資人準備買進股票，他將大盤指數的技術指標調出來，依據下列表格分析，符合增加持股的欄位有6項，減少持股的欄位有3項，此時建議的持股比率66%〔＝6／（6＋3）〕；又例如某一時點，投資人準備買進股票，他將大盤指數的技術指標調出來，依據風險控管第二步表格分析（P.151），

符合增加持股的欄位有4項，減少持股的欄位有6項，此時建議的持股比率40%〔＝4／（4＋6）〕。

四、簡易持股百分比的規劃

　　對於股市技術分析不熟練的投資人，上述表格確實是有一些難度，因此可以下列簡易版的表格來取代，我們以大盤20日移動平均線和大盤60日移動平均線為基礎，來規劃持股比率。在技術分析中，移動平均線是重要的技術指標，在日K線中，以20日和60日移動平均線為最重要。20日移動平均線又稱為月移動平均線，是台股大盤的轉折線；60日移動平均線又稱為季移動平均線，是台股大盤的生命線。當20日和60日移動平均線皆上揚時表示大盤呈多頭格局，投資人可以積極進場，當20日和60日移動平均線皆下彎時，表示大盤呈空頭格局，投資人面對股市要多一分謹慎小心。

　　例如某投資人準備進場買進股票，發現大盤指數20日移動平均線上揚，且60日移動平均線也上揚，如果他準備投入股市的資金是200萬元，他就要買進股票160萬元以上，保留現金40萬以下，讓持股80%以上。例如某投資人準備進場買進股票，發現大盤指數20日移動平均線下彎，但是60日移動平均線上揚，如果他準備投入股市的資金是100萬元，他就要買進股票的金額介於80萬元到50萬元之間，保留現金20萬元到50萬元之間，讓他的持股介於80%和50%。

■ 表4-3-2　持股百分比規劃表（簡易版）

	技術指標	持股百分比	投資策略
大盤 移動平均線	20日移動平均線上揚 60日移動平均線上揚	持股80%以上	積極作多
	20日移動平均線下彎 60日移動平均線上揚	持股80%以下 持股50%以上	拉回找買點
	20日移動平均線上揚 60日移動平均線下彎	持股50%以下 持股20%以上	搶反彈行情
	20日移動平均線下彎 60日移動平均線下彎	持股20%以下	降低持股

五、持股百分比的執行

　　決定持股比率後，接著就要確實執行，當持股低於規劃的持股水準，就要增加持股；當持股高於規劃的持股水準，就要減少持股。持股百分比的調整，說起來很容易，但執行起來確實面臨相當大的難題。為了讓投資人易於執行這個策略，投資人在面臨如何增加持股或減少持股，可參考下列4-3-3表格：

■ 表4-3-3　決定增加持股或減少持股後的作法

決定持股比率	
增加持股	減少持股
1. 檢視持股	1. 先賣出有獲利的
2. 原本持股加重	2. 檢視持股
3. 主升段買入主流股	3. 降持股 基本面轉壞的個股 技術面轉壞（20日移動平均線下彎）
4. 末升段買入補漲股	4. 換股

1 決定要增加持股

當投資人決定要增加持股，首先要檢視目前的持股，如果基本面沒有改變，就增加原本持股的張數，至於要買進你手中的哪一檔股票呢？大盤如果在主升段行情，就買進漲多的主流股，如果大盤在末升段行情，就買進漲比較少的補漲股。為何要加碼手中的持股，而不買進新的標的呢？畢竟手上的股票是你所熟習的個股，除非有其他股票值得投資，否則以原本持股為主，如果投資人一直買進新的標的股，會造成手中股票種類越來越多，多到無法管理。其實，這是一般投資人的通病，手中股票上漲，捨不得賣；手中股票下跌，不忍心賣，看到別人推薦的股票，手癢又下去買，最後滿手持股，根本無法追蹤和管理手中的股票。

2 決定要減少持股

當投資人決定要減少持股，理論上要賣出賠錢的股票，留下賺錢的股票，這種策略稱為「汰弱留強」，但是投資人很難執

行這樣的策略。所以我的建議是先賣出有獲利的股票,來增加現金,將來股價下跌後,有資金進場買股。如果把有賺錢的股票賣出,仍然無法降到規劃中的水位,就要認真考慮賣出賠錢的股票,至於賣出甚麼股票呢?就是基本面轉壞的股票,如果投資人沒辦法判斷呢?就賣出個股20日移動平均線下彎的股票。另外,投資人也可以用換股的方式來改變持股結構,也就是「賣出弱勢股,買進強勢股」,這種方式是法人常用的投資策略。這種投資策略是險中求勝的方法,但是這個方式面臨到的風險就是,賣出的股票漲,買進的股票跌,投資人被雙面夾殺。

六、投資實例-持股百分比的規劃

我們以2014年1月23日為例,可由當日的成為資料,得到4-3-4持股百分比規劃表,其中增加持股欄位共有7項,減少持股欄位共有8項,得到建議持股比率為46%〔＝7／（7＋8）〕。假設此時投資人的持股只有20%,他就必須增加26%的持股（＝46%－20%）。

投資人可用換股的方式,改變持股結構,
也就是「賣出弱勢股,買進強勢股」。

■ 表4-3-4　持股百分比規劃表

考量大盤的變數，調整持股比率

	增加持股	減少持股
大盤指數		8000點以上
		7000點以上
移動平均線	MA10、20交叉往上	
	MA20、60交叉往上	
	MA120、240向上	
	強勢行情沿MA20往上走	
		股價與成交量高檔背離
三大法人	持續買進	
	融資減幅大於大盤減幅	
KD		月KD、周KD交叉向下
		月KD突破80
		日KD和股價高檔背離
MACD	MACD零軸以上	
		MACD、DEF交叉往下
新聞		利多不漲
項目	7項	8項

4-4
單一個股的風險控管

一、非系統風險

「不要將所有的雞蛋放在同一個籃子」，應該把購買標的分散到不同類型的股票中，以規避非系統風險，分散投資的屬性確實可以降低風險，但是過度分散，則可能造成獲利率降低，投資人如何做最有效的資產配置又兼顧風險，確實需要長時間的經驗的累積。當然個股也有它的風險存在，為了規避單一公司股價波動的風險，千萬別單壓一檔股票，因為個別公司的股價受到大環境景氣的影響，也受到該產業狀況的影響，更受到各公司經營優劣的影響。我們以宏碁（2353）和宏達電（2498）為例子，說明單壓一家公司股票的風險。

宏碁2013年第四季度財報，受全球PC市場低迷的影響，宏碁第四季度業績未達到分析師預期。第四季度，宏碁淨虧損76億新台幣（約合2.54億美元），不及湯森路透所調查分析師平均預期的淨虧損36.9億新台幣。相比之下，宏碁去年第三季度淨虧損131.2億新台幣，2012年第四季度淨虧損33.7億新台幣。第四季度，宏碁營收為867億新台幣，同比下滑14.6%。宏碁過度依

為了規避單一公司股價波動的風險，
千萬別單壓一檔股票。

賴於低端筆記型電腦業務。在智慧型手機等新移動業務崛起后，宏碁又未能迅速跟上，才導致公司在過去2年多的時間內，幾乎每個季度都在虧損。即使偶爾盈利，也十分微薄。宏碁的股價也由2013年年初的28.2元跌到年底的14.8元，如果以2010年的高點99.4元算起，跌到14.8元，跌幅高達85%。如果投資人單壓宏碁一檔股票損失將是很慘烈。

　　另一檔股票是宏達電，全盛期曾創下全年每股賺72元的智慧手機大廠宏達電2013年壞消息不斷，先是爆發內鬼案，後又丟掉大陸市場，被後起之秀華為、小米超越，全年陷入上市以來首次虧損，預估每股將虧掉1.6元。宏達電缺乏創新能力、產品差異化不足，若手機本業再無起色，2014年只會賠多、不會賠少。宏達電公布2013年12月營收新台幣124.32億元，和2012年同期相比下滑了42.36%，雖然第四季靠著處分耳機廠Beats股權小賺一筆，但全年仍難逃虧損命運，2013年營收僅剩2,034億元，年減29.62%。為了大幅提高製程，這幾年來陸企不惜砸重本挖牆角，據傳凡是HTC的中高階主管，跳槽後單是「裸薪」價碼就有150萬美金（約台幣4,500萬）。在人才出走的影響下，宏達電雖然不斷大力行銷主攻大陸市場，但仍不敵華為、小米等中國本土品牌，市佔率、使用率雙雙敗退。宏達電的股價曾經在2011年創下1,300元的天價，登上股王寶座，到了2013年股價只在100元上下游走，長期持有的投資人一定是欲哭無淚。這就是單一檔股票的風險。

■ 圖4-4-1　宏碁（2353）日線圖

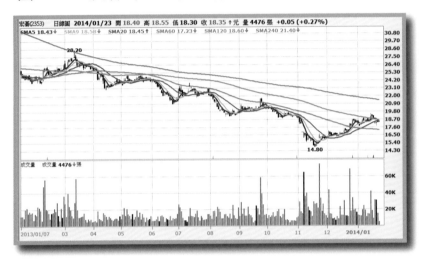

資料來源：嘉實資訊

■ 圖4-4-2　宏碁（2353）周線圖

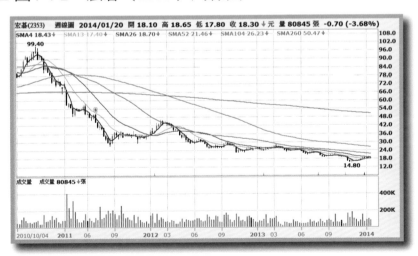

資料來源：嘉實資訊

■ 圖4-4-3 宏達電（2498）周線圖

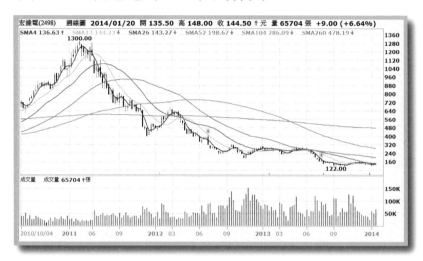

資料來源：嘉實資訊

二、非系統風險控管

投資人如法預期非系統風險何時發生，面對非系統風險的不確定因素，投資人的控管方式有3個重點，其一是持股百分比的控管，其二是持股類股的控管，其三是個股數量的控管。

1 持股百分比的控管

投資股票如果單壓一檔股票，風險是很高的，如果看對當然大賺，如果看錯則是傾家盪產。如果在2013年如果單壓儒鴻、聚陽、茂順等股票肯定荷包滿滿，如果單壓宏達電、宏碁肯定痛苦萬分。

為了分散風險，我們建議持有一檔股票不要超過持股的30%，例如你投入股市資金為200萬，目前持股50%，也就是買

股100萬，現金100萬，此時單一檔股票買入的金額不能高於30萬（＝100萬×30%）。又例如你投入股市資金為400萬，目前持股60%，也就是買股240萬，現金160萬，此時單一檔股票買入的金額不能高於72萬（＝240萬×30%）。

2 持股類股的控管

持有一檔股票不要超過持股的30%是原則，但是如果投資人買進的股票都是屬於同一產業，也無法規避產業風險。例如：某一投資人，看好面板產業，將資金投入群創、友達和華映，結果面板產業出問題，上述公司股價皆下跌。又例如某一投資人，看好LED產業，為了規避個股風險，所以將資金分為4等分，分別投入上游晶粒製造的晶電、中游封裝的億光、下游背光模組的東貝和雷笛克，看起來有規避個別公司的風險，其實它的風險在於LED產業出現衰退，即使持股都沒超過30%，仍然面對產業風險。

如果投資人看好股票處在多頭市場，投資人避免投資過度集中，可以將60%的資金放在科技股，40%的資金放在傳產股，又例如某一投資人偏好高科技股，為了避免單一產業的風險，可以將30%的資金放在LED產業，40%的資金放在IC產業，30%的資金放在手機產業。

原則上產業分散的原則是一個產業的持股不超過50%，例如投資人投入股市的資金為600萬，目前持股400萬，他看好Apple推出新產品，資金投入Apple的供應鏈廠商的資金不能超過其持股的50%，也就是200萬。如果該投資人還想再增加投資Apple供應商的股票，它可將持股增加到500萬，多增加100萬的50%，也

就是50萬，就可投入Apple供應商的股票。

　　另一種方式可以將股票分為核心持股、權值股和投機股三大類，同時依據市場狀況來調整比例。所謂權值股，是指和大盤連動很高的大型股票；所謂投機股，是主力作手介入的小型股，他的漲跌和大盤連動不大；所謂核心持股，是投資人長期持有的股票。原則上投資人的核心持股約可占50%，當投資人預期大盤會上漲，可增加權值股，減少投機股；當投資人預期大盤會盤整，可減少權值股，增加投機股的比重；當投資人預期大盤會下跌，就要減少權值股和投機股的持股水位。以下是持股類股的控管理實例，投資人的核心持股約可占50%，權值股30%，投機股20%。

■ 圖4-4-4　持股類股的控管模式

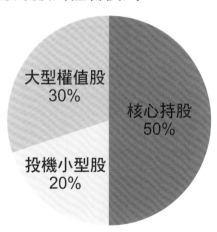

3 個股數量的控管

一般散戶在投資股票時最大的敗筆就是，賺錢時急著賣股，

賠錢時捨不得賣股，投資過程賺小賠大，最後滿手都是賠錢的爛股票，可以說是「汰強留弱」。為什麼會有這種情形呢？就是因為散戶的聽信明牌，聽到明牌就買個幾張，不懂技術分析，也不了解公司的基本面，當股市套牢，認為有一天可以解套，所以不賣股，股票越買越多，最後變成不動產。

上市加上櫃的公司超過1000檔，投資人聽到明牌就買股，是因為怕沒買，股價上漲，錯失賺錢的機會，其實這是非常不理智的行為。試想你去一家餐廳看到菜單上提供的菜有數十樣，你有可能每一道都點，每一道都吃？你也只能點幾道，適合你口味的菜，畢竟你的預算有限，胃也有限。

同理可知，選股和選菜一樣，挑適合的，過多會形成負擔，適度才是王道。當一個投資人手上超過10檔以上的股票，就不知如何管理了。因此建議投資人核心持股不能多於5檔，這樣才易於管理，並且有辦法持續追蹤該公司的基本面和技術面，這是投資股市相當重要的原則。

選股和選菜一樣，挑適合的，
過多會形成負擔，適度才是王道。
因此建議投資人核心持股不能多於5檔，
這樣才易於管理，並且有辦法持續追蹤該公司的基本面
和技術面，這是投資股市相當重要的原則。

4-5
停損機制的建立

一、為何要設停損

　　投資人應依據自己的投資目標以及可承受的風險，建立停損點的機制，以保護自己的投資結果。因此看好的股票，無論公司基本面發展性多好，技術線型多強，買進之後還是要設定停損價，因為天有不測風雲，股票市場變數很多，沒有人能完全掌握股價未來走勢。

　　為何要設停損點，顧名思義「停損」就是停止損失，避免損失擴大，也就是我們常說的「棄車保帥」、「斷尾求生法」。買入股票後股價隨之下跌，此時一般人會認為只是小幅拉回而已，自己的運氣應該不會那麼差吧！結果事與願違，股價一路下挫。面對這種情況，如果不停損賣出，可能的下場是長期套牢。

　　設停損的理由，有可能你買的是好公司，但是時機錯誤，買進的時機在高點，再上漲力道有限，之前買進的人在獲利了結，形成賣壓，股價因而下跌。也有可能你選錯股票，買到弱勢的股票，當然股價表現不佳。

　　很多投資人面對股票下跌時，會抱持著反正不賣就沒有損失的心態，其實這是「鴕鳥心態」，你的損失早就發生，財富早就在縮水，只是你沒有把他實現罷了。有些人擔心停損在最低點，而遲遲不願意停損，結果錯失賣出的時機。要注意的是碰到停損

點，千萬不要捨不得，賣就對了，不要想如果賣了，會不會明天就開始漲。明天會不會漲是明天的事，要不要再買回也是明天的事。當停損機制啟動時，要確實執行，要抱著「寧可賣錯，也不要套牢」的心態，才比較能釋懷。

　　停損的目的在於保留資金，以等待更佳的買進機會。股票市場每天9點開門，下午1點30分收盤，只要你還有資金，不斷累積經驗值，熟練操作技巧，股市的大門永遠敞開，給有準備的人進場賺錢。

■ 圖4-5-1　不設停損機制的結果

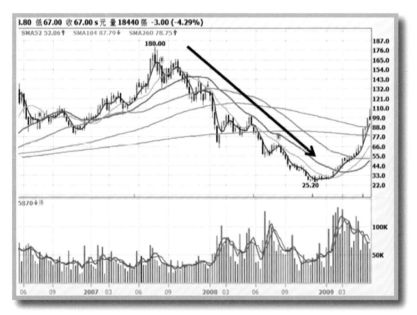

資料來源：嘉實資訊

二、停損的機制

停損的機制的建立是很重要的，首先投資人要問自己，買進這檔股票是投資、還是投機？操作期間是短期、還是長期？有資金壓力、還是沒有資金壓力？這些買進的條件，影響到你停損機制的建立。

1 短期投機交易者

短期投機交易，著重在短期技術線型轉壞時，啟動停損機制

1. 短期移動平均線下彎：移動平均線代表趨勢，當10日或20日移動平均線下彎代表趨勢向下，宜出清持股。

2. 短期技術指標出現賣出訊號：例如KD、RSI等指標交叉向下，都可視為賣出訊號。

停損的目的在於保留資金，
以等待更佳的買進機會。

■ 圖4-5-2　10日或20日移動平均線下彎，
　　　　　　代表趨勢向下，啟動停損機制

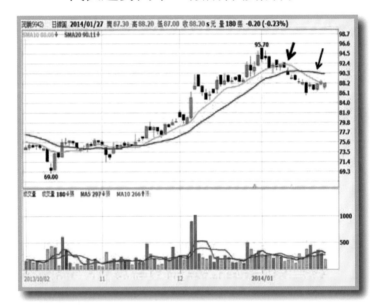

資料來源：嘉實資訊

■ 圖4-5-3　KD指標交叉向下，都可視為賣出訊號，
　　　　　　啟動停損機制

資料來源：嘉實資訊

2 長期投資交易者

　　長線投資交易，著重在長期的技術線型轉壞或是公司基本面改變時，啟動停損機制。

1. 當股價跌破重要支撐時，停損賣出：所謂「重要支撐」是指某個價位經數度測試，當股價跌至此價位時皆可守住；可是一旦跌破，將有一大段跌幅。

2. 可把停損點設在波段的1/3、1/2和2/3處：依據艾略特波浪理論，這三個點皆為重要關卡，一旦跌破將有一段跌幅。

3. 長期移動平均線下彎：移動平均線代表趨勢，當20日或60日移動平均線下彎代表趨勢向下，宜出清持股。

4. *長期技術指標出現賣出訊號：例如MACD交叉向下或
   跌破0軸，可視為賣出訊號。*

5. *公司每月公告的營收下滑。*

公司每季公告的獲利衰退、毛利減少。

■ 圖4-5-4　當20日或60日移動平均線下彎，代表趨勢向
　　　　　　下，啟動停損機制

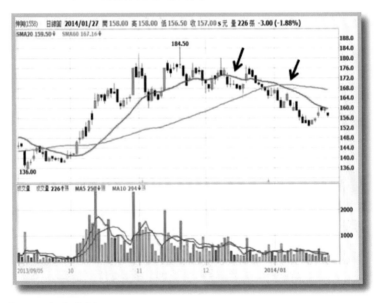

資料來源：嘉實資訊

■ 圖4-5-5　MACD交叉向下或跌破0軸，可視為賣出訊
　　　　　號，啟動停損機制

資料來源：嘉實資訊

3 有資金損失壓力者

　　有資金損失壓力的投資人，會以損失金額或百分比為指標，啟動停損機制。每個人對於損失金額的忍受度不同，有些如損失5%，就坐立難安；有些人損失10%，無動於衷；有些人賠5萬元，就吃不下飯；有些人要賠上50萬才會有感覺。以下是準則，投資人可依自身狀況調整。

1. 損失超過一定比率：例如損失超過5%、7%、10%，即刻停損出場。

2. 當損失超過一定金額：例如5萬或是10萬或是15萬等立刻出場，避免損失擴大。

三、克服停損的心理障礙

　　股市初學者，沒有辦法體會停損的意義，因為看到股價下跌，不知道如何反應，之能眼睜睜的看資產縮水。停損就像開車時，遇到前面有狀況，踩煞車放慢速度，避免危險是一樣的道理。有時會停損出場後，股價開始上漲，投資人為之氣結。有時會停損出場後，股價開始暴跌，投資人慶幸自己出脫股票，避免損失擴大。停損不一定對，但是不停損，面對的風險無法評估。

　　投資人要每天檢視股票，如遇虧損的股票，一定要在筆記中訂下停損策略，而這一個訊號不輕易更動，如果未來的某一天，你的停損訊號出現，才能客觀判斷。當你發現停損訊號可能即將出現，就必須事先告訴自己，要停損了，慢慢建立停損的心理準備。萬一遇到需要停損時，沒有勇氣停損，那就無論如何強迫自己先砍一半，有3個好處，首先你會比較清醒，不會陷入兩難，再者萬一砍對了繼續下跌，你會知道自己砍對了。最後萬一錯了

萬一遇到需要停損時，沒有勇氣停損，
那就無論如何強迫自己先砍一半。

立即反彈，你也可以在反彈時考慮是否出場，減少損失。

　　停損賣出股票，賠錢當然會不舒服，停損後的心情療癒也是重要的工作。那就要看損失的大小，如果是小額虧損，應該看看書、電視就會釋懷。如果是鉅額虧損，可能要考慮暫時離開那個情境，做一些跟股票反差較大的事情，等自己冷靜之後再回來看。

　　假如你是專職投資人，將股市當成是事業，那你投入的一桶金，就是等於你成立公司的資本，如果資本沒有太大的損傷，你公司就不會倒閉，但是假如有巨額虧損，公司可能就會有危機，所以無論如何一定要設停損，這樣你的「公司」永遠有希望。

四、換股操作建議

　　有時候投資人明知股票會下跌，但是怕實現損失或是怕賣到最低點，遲遲不願意停損，此時可以考慮換股策略。這裡指的換股操作，基本上是在不增加新投入的資金下，讓股票做更有效的配置。方法有兩種，分別是A股換A股、A股換B股。

1 A股換A股

　　這是最基本的方式，以中鋼為例，當我們發現中鋼線型不佳，或是長期趨勢不看好，可是卻又狠不下心，去做停損的動作，假定我們的成本價在30元，目前已經跌了20%，來到24元的價位，倘若確定趨勢是向下（當然這要搭配技術分析和基本分析），我們可以先行賣出，當他在更低的價位（甚至是落底時），例如跌30%時，價位21元，甚至落底再進行買回。要注意這種方法，當你一開始賣出5張，之後也要買回5張（以張數為基

礎）。

當然這種方法，需要建立在於你對於未來趨勢非常清楚的情況，頗有難度（賣出後再買回，可能是間隔一段時間之後，不用在同一天或是大盤指數相同時）。簡言之，其實這個方法，就是在低檔賣股，更低檔買股。

2 A股換B股

假如中鋼目前前景完全不看好，可能一段時間內都不會恢復，和上面相同的，中鋼目前已經跌了20%，這時候你可以找一檔跌幅更大的股票，例如你發現中租從高點下來已經跌了35%，而你覺得中租已經跌的差不多了（當然這一樣要搭配技術分析和基本分析），這時候你就可以把5張中鋼賣掉，總值約12萬，然後買進60元的中租，2張，一樣價值12萬（這當中折損的手續費和稅金可以忽略）。當然不見得能換的那麼精確12萬換到12萬，但是差不多即可。

最完美的情況，最好還能加入未來可能的的漲幅空間，比如中租的歷史高點，和中鋼的歷史高點相比較，中租能高於中鋼，但是這個案例沒有，有點美中不足（中租的歷史高點，97元，大約只有60%的空間，和中鋼的歷史高點，54元，110%的空間）。

如果當天趨勢向上，應該先買後賣，如果趨勢向下，則先賣後買。這樣一來，恭喜你換股就成功了，這樣有什麼好處，首先，在心理上不會有停損的感覺，而實質上也換到比較強的股票。

另外有一個重點，這個方法和第一種不同的是，換股需要在同一天，指數差不多時換股，所以幾乎是遇到適合的時間點，同

時賣出也同時買進，否則就等於只是一般的賣出弱勢股，然後買進強勢股。

但言歸正傳，其實換股操作的本質，其實還是不脫汰弱換強的原則，只是透過一些額外的條件設定，讓你心理上不會有停損的感覺。也僅止於你無法下定決心停損股票的時候使用，倘若你是個有紀律的投資人，能夠適時停利、停損，將退出的現金，靈活積極的將弱勢股換強勢股，重新布局，就可以不用思考這麼複雜的換股程序。

換股操作的本質，其實還是不脫
汰弱換強的原則。

國家圖書館出版品預行編目資料

滴水不漏穩穩賺－4張表股市賺1億 / 張真卿 著 台北
縣中和市：台灣廣廈 2014.5
　　面：公分
ISBN 978-986-130-249-2 (平裝)
1.股票投資　2.投資分析　3.投資技術
563.53　　　　　　　　　　　　103003277

台灣廣廈出版集團
Taiwan Mansion Books Group

view 08

滴水不漏穩穩賺－4張表股市賺1億
張真卿20年投資心法大公開
讓你從此理財不求人

作者 WRITER	張真卿
出版者 PUBLISHING COMPANY	台灣廣廈有聲圖書有限公司
	Taiwan Mansion Books Group
	財經傳訊出版
登記證	局版台業字第6110號
發行人／社長 PUBLISHER／DIRECTOR	江媛珍 JASMINE CHIANG
地址	235台北縣中和市中山路二段359巷7號2樓
	2F, NO. 7, LANE 359, SEC. 2, CHUNG-SHAN RD.,
	CHUNG-HO CITY, TAIPEI COUNTY, TAIWAN, R.O.C.
電話 TELEPHONE NO.	886-02-2225-5777
傳真 FAX NO.	886-02-2225-8052
電子信箱 E-MAIL	TaiwanMansion@booknews.com.tw
	方宗廉 TOM FANG
美術主編 ART EDITOR	張晴涵 SAMMY CHANG
製版／印刷／裝訂	東豪／皇甫／秉成
郵撥戶名	台灣廣廈有聲圖書有限公司
	（郵撥4本以內外加50元郵資，5本以上外加100元）
劃撥帳號	18788328
代理印務及圖書總經銷	知遠文化事業有限公司
訂書專線	886-02-2664-8800
傳真專線	886-02-2664-0490
出版日期	2014年5月初版／2014年5月初版二刷

網址 www.booknews.com.tw
博‧訊‧書‧網
www.booknews.com.tw